Alte Thüringer Backrezepte

Wo die Ilmenwellen leise
rauschen am verborgenen Ort
ihre alte Liedesweise,
ja, dort ist mein Heimatort.

Wolfgang Schröter

Alte Thüringer Backrezepte

Familienrezepte
aus dem schönen Ilmtal
gesammelt und aufgeschrieben
von Wolfgang Schröter

zum Andenken an meine Heimat
Tannroda an der Ilm

VERLAG FÜR DIE FRAU
BUCH

ISBN 3-89798-078-9

3. Auflage 2004
BuchVerlag für die Frau GmbH, Leipzig 2003
Rezepte gesammelt und aufgeschrieben:
Wolfgang Schröter
Alte Rezepte in genaue Backzeiten übertragen:
Erika Schröter, München
Einband, Illustrationen und Layout: Christine Paxmann
Satz und Reproduktion: J-J-Design
Druck und buchbinderische Verarbeitung:
Meiling Druck, Haldensleben

Printed in Germany

Inhalt

Kuchenland Thüringen

Tannroda liegt mitten im grünen Herzen Deutschlands, an der romantischen Ilm, zwischen Ilmenau und Weimar. Dort wurde ich 1929 geboren und bin in Tannroda aufgewachsen.
1960 musste ich mit meiner Frau und unseren zwei Kindern die damalige DDR aus politischen Gründen verlassen. Das Schicksal trieb uns nach München in Bayern.
Das vorliegende Buch „Alte Thüringer Backrezepte“ ist eine Sammlung überlieferter Rezepte der Familie, unserer Freunde und Bekannten. Es handelt sich hauptsächlich um alte Hausrezepte aus Groß- und Urgroßmutters Zeiten. Sie wurden damals nicht aufgeschrieben, sondern immer nur mündlich weitergegeben. Über 25 Jahre habe ich diese alten Rezepte gesammelt, damit sie nicht in Vergessenheit geraten. Ich habe sie nicht nur für meine Kinder und Enkel aufgeschrieben, sondern auch für kommende Generationen, damit die alten Rezepte nicht verloren gehen.
Thüringen ist als Kuchenland bekannt, schon Schiller und Goethe wussten dies zu schätzen. Schillers Lieblingskuchen war „Thüringer Kirschkuchen“.
Alle Rezepte habe ich ausprobiert, sie sind alle leicht zu backen. Nach alter Art sind manche Rezepte sehr gehaltvoll, mit reichlich Eiern und Butter. Wer auch beim Schlemmen maßvoll sein will, suche sich die leichteren Rezepturen heraus, dieses Buch bietet eine große Vielfalt und reichlich Varianten beliebter Backwerke. So ist sicher für jeden Geschmack etwas zu finden.

Viel Freude und gutes Gelingen wünscht allen Hobbybäckern
Wolfgang Schröter

Lebkuchen und Plätzchen

Thüringer Honigkuchenherzen

von Uroma Martha Schröter (Lieblingsgebäck von Axel Schröter)
Uropa Edwin Schröter hatte 100 Bienenvölker in Tannroda

1 kg Honig
1,5 kg Mehl
200 g Butter
50 g Lebkuchengewürz
1 TL Zimt
150 g geriebene Mandeln
20 g Hirschhornsalz
2 EL Milch

Honig erwärmen, flüssig machen und auf Körpertemperatur abkühlen lassen, dann knetet man das Mehl, zerlassene Butter, geriebene Mandeln und Gewürze darunter, Hirschhornsalz in 2 Esslöffel Milch auflösen und dazugeben. Teig ca. 2-3 Stunden ruhen lassen, dann Teig ausrollen, Herzen ausstechen und backen.

Backzeit: 10 Minuten bei ca. 160 °C

Herzen mit Kuvertüre oder Schokoladenglasur bestreichen.

Vor dem Verzehr muss das Gebäck ca. 4 Wochen lagern.

Pfefferkuchen

von Uroma Martha aus Tannroda
(bäckt Opa Schröter immer,
Lieblingslebkuchen vom Enkel Maximilian)

1,5 kg Mehl
750 g Zucker
1/2 l Milch
250 g Butter
150-200 g geriebene Mandeln (geht auch ohne)
50 g Zimt
10 g Kardamom
1 EL Kakao
20 g Hirschhornsalz
3 Eier
10 g gemahlene Nelken

Milch kochend mit der Hälfte Mehl verrühren, die Butter kochend darüber gießen. Zucker, Eier, die zweite Hälfte Mehl, die Gewürze und das in etwas Milch aufgelöste Hirschhornsalz dazugeben. Alles gut kneten und einige Stunden ruhen lassen.
Teig muss fest sein, dann ausrollen und Sterne, Herzen usw. ausstechen, auf ein gefettetes Blech geben und backen.

Backzeit: 20 Minuten bei 170 °C

Mit Puderzuckerglasur (aus Puderzucker und Rum) bestreichen und mit bunten Streuseln bestreuen.

Elisenkuchen

(bäckt Opa Schröter immer)

FÜR CA. 120 STÜCK:

6 Eier
500 g Farinzucker
2 TL gemahlene Nelken
2 TL Zimt
abgeriebene Schale von 2 Zitronen
200 g Zitronat
100 g Orangeat
1 Fläschchen Bittermandelaroma
2 EL Rum
500 g geriebene Haselnüsse oder Mandeln
1 TL Backpulver
1 Paket Marzipan-Rohmasse

Eier und Zucker schaumig rühren. Gewürze, Zitronat, Orangeat zugeben, Nüsse unter die Schaummasse geben. Wenn der Teig zu dünn ist, etwas Mehl oder Kartoffelmehl dazugeben.
Mit einem Löffel den Teig auf Oblaten (50 mm Ø) setzen. Nach dem Backen die Elisenkuchen evtl. mit Schokoladen- oder Zuckerguss bestreichen.

Backzeit: 20 Minuten bei 150-160 °C

Elisenlebkuchen

Rezept aus Thüringen
(dürfen bei keinem Weihnachtsfest fehlen)

12 Eiweiß
680 g Zucker
250-300 g Marzipan-Rohmasse
320 g geriebene Haselnüsse (geröstet)
320 g geriebene Mandeln
140 g Orangeat fein geschnitten
140 g Zitronat fein geschnitten
160 g Mehl
40 g Lebkuchengewürz
1 TL Zimt
20 g Hirschhornsalz

Eiweiß und Zucker zu steifem Schnee schlagen, Haselnüsse auf einem Backblech rösten, Schalen abreiben, alle Zutaten in eine Küchenmaschine mit Knethaken geben, langsam den Eischnee zugeben, das Hirschhornsalz in zwei Teelöffeln Rum auflösen und zugeben. Alles kräftig durchrühren. Teig mit einem Löffel auf Oblaten (40-50 mm Ø) streichen und auf gebuttertem Blech backen. Lebkuchen nach dem Backen mit Kuvertüre oder Zuckerglasur einstreichen.

Backzeit: 10-15 Minuten bei 160-170 °C

Nürnberger Lebkuchen

von Martha Luge aus Tannroda

500 g Zucker
4 Eier
1 EL Zimt
1 TL gemahlene Nelken
50 g Orangeat fein geschnitten
50 g Zitronat fein geschnitten
500 g geriebene Mandeln (ungeschält)
abgeriebene Zitronenschale

Die Eier werden mit dem Zucker eine halbe Stunde schaumig gerührt. Dann gibt man die abgeriebene Zitronenschale, Zimt, Nelkenpulver, Orangeat, Zitronat und die Mandeln hinzu.
Teig gut durcharbeiten und etwas ruhen lassen. Dann mit einem Messer (vorher in kaltes Wasser tauchen) auf runde Oblaten (4 bis 5 cm Ø) streichen.
Nicht zu dick aufstreichen, Teig geht beim Backen auf.
Auf gefettetem Blech backen.

Backzeit: 20-25 Minuten bei 150-160 °C

Thüringer Kakao-Lebkuchen

von Lissi Ludwig, Blankenhain
(dürfen bei keinem Weihnachtsfest fehlen)

150 g Butter
300 g Zucker
3 Eier
200 g geriebene Mandeln
750 g Mehl
100 g Zitronat
je 15 g Zimt, Nelken und Muskatblüte
1 Päckchen Pfefferkuchengewürz
1 1/2 Päckchen Backpulver
2 EL Kakao

Eier, Zucker und weiche Butter in der Küchenmaschine schaumig rühren, die Mandeln, Kakao, Zitronat und die Gewürze dazugeben. Dann langsam das Mehl dazugeben und alles zu einem Teig verarbeiten. Über Nacht ruhen lassen.
Dann 5 mm dick ausrollen. Mit Förmchen Figuren ausstechen oder mit Küchenrädchen Lebkuchen ausrädeln, auf ein gefettetes Backblech legen und backen.
Nach dem Backen kann man die Lebkuchen mit Rumglasur (Puderzucker und Rum verrühren) bestreichen.

Backzeit: 20 Minuten bei 160-170 °C

Baseler Lebkuchen

(altes Rezept)

500 g Honig (muss 1 Jahr alt sein)
1,4 kg Mehl
230 g Mandeln, mit der Schale gerieben
230 g Orangeat
230 g Zitronat
700 g Zucker
abgeriebene Zitronenschale von 2 Zitronen
50 g Zimt
10 g Nelken
2 TL Muskatblüte
30 g Pottasche (aufgelöst)
1 Glas Kirschwasser oder Arrak (man kann auch Hirschhornsalz nehmen)

Honig und Zucker kochen, bis die Masse steigt. Mandeln ein wenig darin rösten. Topf vom Ofen nehmen und abkühlen lassen. Dann Pottasche und Gewürze dazurühren, dann Kirschwasser. Zuletzt das Mehl unterkneten. Den noch warmen Teig ca. 2 mm dick ausrollen und in viereckige Stücke schneiden. Auf gut gebuttertem Blech backen.
Für den Guss Zucker mit Wasser kochen, bis der Zucker Fäden zieht, Lebkuchen damit bestreichen.

Backzeit: 20 Minuten bei 160-170 °C

Thüringer Pfefferkuchen

von Käthe Hofmann, Kleinkochberg

8 Eier
625 g Zucker
500 g Mehl
240 g geriebene Mandeln
250 g Rosinen
50 g Orangeat oder Zitronat
5 g Kardamom
25 g Zimt
8 g Nelken
abgeriebene Schale einer Zitrone
10-15 g Hirschhornsalz
1-2 TL Kakao
1/2 Fläschchen Bittermandelaroma

Eier und Zucker schaumig rühren, Zitronenschale, Orangeat oder Zitronat, Rosinen und Mandeln zugeben, die Gewürze dazu und nach und nach das Mehl zufügen. Hirschhornsalz in etwas Wasser auflösen und ebenfalls zum Teig geben. Alles gut durchkneten, 1 Stunde ruhen lassen. Mit einem Löffel auf Oblaten von 4-5 cm Ø streichen und backen.

Backzeit: 20-25 Minuten bei 150-160 °C

Lebkuchen

von Christine Schwarzer, Blankenhain

500 g Zucker
500 g Mehl
250 g geriebene süße Mandeln
125 g bittere Mandeln oder Bittermandelaroma
125 g Zitronat
abgeriebene Schale von 1 Zitrone
5 getrennte Eier
500 g Butter
20 g Hirschhornsalz (in etwas Rum aufgelöst)
2 TL Zimt
1 TL Nelken
3 TL Kakao
runde Oblaten (5 cm Ø)

Aus den Zutaten eine Masse rühren, das Eiweiß schlagen und zum Schluss darunter heben. Auf die Oblaten streichen und backen. Abkühlen lassen und mit Schokoladenguss oder Kuvertüre bestreichen.

Backzeit: 15-20 Minuten bei 170 °C

Mandel-Elisenkuchen

4 Eier
350 g Zucker
2 Päckchen Vanillezucker
1/2 TL gemahlene Nelken
2 1/2 TL Zimt
1/4 TL Kardamom
etwas gemahlener Muskat (ca. 1 Msp.)
1 Päckchen Orangenback
80 g Zitronat
2 EL Rum
450-500 g mit Schale gemahlene Mandeln
1/2 TL Backpulver oder Hirschhornsalz in Rum aufgelöst

Eier, Zucker und Vanillezucker in der Küchenmaschine gut schaumig rühren, Gewürze, Zitronat und Orangeat zugeben.
Backpulver mit etwas Mandeln vermischen und dazugeben, dann den Rest Mandeln untermischen.
Der Teig muss sich gut streichen lassen. Den Teig mit einem Löffel auf Oblaten (4 cm Ø) streichen und backen. Die fertig gebackenen Elisenkuchen mit Kuvertüre oder Zuckerguss (100-150 g Puderzucker mit 1-2 EL heißem Wasser oder Rum verrühren) überziehen.

Backzeit: 20-25 Minuten bei 150-160 °C

Thüringer Lebkuchen I

Altes Rezept
(dürfen Weihnachten nirgends fehlen)

500 g Mehl
5 Eier, 550 g Zucker
250 g Margarine oder Butter
300 g Marzipan
250 g geriebene Mandeln, 2 EL Kakao
3 TL Zimt, 1/2 TL gemahlene Nelken
1 Päckchen Lebkuchengewürz
1 1/2 Päckchen Backpulver oder Hirschhornsalz
1/2 Schnapsglas Rum
Bittermandelaroma

RUMGLASUR:
250 g Puderzucker
2 Eiweiß, 1-2 EL Rum

Eier, Zucker und Margarine in der Küchenmaschine schaumig rühren. Marzipan, Mandeln, Gewürze, zuletzt das Mehl, das Hirschhornsalz (in Rum aufgelöst) dazugeben. Teig muss streichfähig sein. Dann mit einem Löffel den Teig auf Oblaten (5 cm Ø) streichen und backen. Die Zutaten für die Glasur vermischen und gut 10 Minuten kräftig schlagen. Die abgekühlten Lebkuchen damit überziehen.

Backzeit: 20-25 Minuten bei 160-170 °C

Weiße Nürnberger Lebkuchen auf Oblaten

Altes Rezept, nach dem Opa Schröter immer bäckt

500 g Mehl
500 g feiner Zucker
500 g Mandeln im Ofen geröstet, abgezogen und gerieben
8 Eier
70 g Orangeat (klein geschnitten)
70 g Zitronat (klein geschnitten)
10 g Zimt
3 g Nelken
4 g Kardamom
15 g Pottasche oder Hirschhornsalz,
in Rosenwasser oder Rum aufgelöst

Eier stark schlagen, mit Zucker und Gewürzen 1/4 Stunde in der Maschine rühren, dann Mehl und Pottasche oder Hirschhornsalz nach und nach zugeben. Orangeat und Zitronat dazu und zuletzt die Mandeln unterrühren.
Mit einem Teelöffel auf runde Oblaten (3-4 cm Ø) streichen. Auf einem gut gebutterten Blech backen.

Backzeit: 20 Minuten bei 160 °C

Thüringer Lebkuchen II

200 g Zucker (in etwas Wasser auflösen)
500 g Honig
250 g ungeschälte geriebene Mandeln
1 Packung Lebkuchengewürz
2 TL Zimt
1/4 TL gemahlene Nelken
600 g Mehl
1 Päckchen Backpulver oder 30 g Hirschhornsalz

GLASUR:

200-250 g Puderzucker, 1 EL heißes Wasser, 2 cl Rum (2 EL)

Zucker und Honig kurz aufkochen und abkühlen lassen. Mit der Küchenmaschine den Honig und die anderen Zutaten und Gewürze zu einem Teig verarbeiten. Den Teig ca. 1 Tag kühl stellen und ruhen lassen. Dann den Teig ca. 5 mm dick ausrollen und Lebkuchen, Herzen oder runde Formen ausstechen. Auf einem gut gebutterten Blech backen.
Die abgekühlten Lebkuchen können nach Belieben mit Kuvertüre oder Rumglasur bestrichen werden. Für die Glasur Puderzucker, Wasser und Rum ca. 10 Minuten gut verrühren.

Backzeit: 15- 20 Minuten bei 160-180 °C

Braune Lebkuchen

FÜR CA. 120 STÜCK:
200 g Butter, 250 g Rübenzucker
250 g Zucker, 10 g Pottasche
1/2 Tasse Milch
100 g geriebene ungeschälte Mandeln
500 g Mehl
50 g Orangeat, fein geschnitten
50 g Zitronat, fein geschnitten
1 1/2 TL Zimt
1/4 TL Piment gemahlen
1/4 TL Nelken gemahlen
1 Prise schwarzer Pfeffer
1/4 TL Kardamom
1/2 Päckchen Backpulver oder 10 g Hirschhornsalz

Butter in einem Topf schmelzen lassen, Sirup und Zucker zugeben und zum Kochen bringen. Vom Herd nehmen und abkühlen lassen. In kalter Milch die Pottasche auflösen und unter die abgekühlte Masse geben und rühren, in eine Backschüssel oder Küchenmaschine geben und die restlichen Zutaten und das Mehl unter die Masse geben. Gut durchkneten! Einige Tage an einem warmen Ort zugedeckt stehen lassen, den Teig täglich einmal kneten. Den Teig in 3-4 Teile teilen und auf einem Backbrett 1/2 cm dick ausrollen. Mit Formen Sterne, Herzen usw. ausstechen. Auf einem gut gefetteten Backblech backen. Nach dem Backen mit Zuckerguss bestreichen und mit bunten Kuchenstreuseln bestreuen.

Backzeit: 10 Minuten bei 150-160 °C

Sirup-Lebkuchen oder Braune Lebkuchen

250 g heller Apfelkraut- oder Honigsirup
250 g Rübensirup, 250 g Zucker
250 g Schweineschmalz, 1 kg Mehl
2 g Zimt, 2 TL Nelkenpulver
2 g Kardamom, 30 g Hirschhornsalz
2 EL Rosenwasser, 125 geriebene Mandeln, 125 g Orangeat

Zuckerguss

200 g Puderzucker, etwas Rum,
2 Eiweiß, 1 EL heiße Milch, 1 EL Kartoffelmehl

Sirup, Schmalz und Zucker kochen und abkühlen lassen. Die Hälfte vom Mehl und die Gewürze unter die Masse rühren. Hirschhornsalz in etwas Wasser auflösen und dazugeben. Mandeln, Orangeat und das übrige Mehl unterkneten. Teig 3-4 Stunden, am besten jedoch über Nacht ruhen lassen.

Teig 1/2 cm dick ausrollen und mit Formen Figuren, Sterne, Herzen ausstechen und auf einem gut gefetteten Blech backen. Nach dem Backen die Lebkuchen sofort vom Blech lösen und mit Kuvertüre oder Zuckerguss einstreichen. Für den Guss die Eiweiß steif schlagen, mit Zucker 1/4 Stunde schlagen, dann den Rum und das Mehl zufügen. Man kann auch eine einfache Glasur aus Puderzucker, etwas Rum und Pflanzenfett rühren.

Backzeit: 10 Minuten bei 150-160 °C

Sirupknusperle

von Wolfgang Schröter

375 g Sirup
50 g Zucker
100 g Butter
1 gehäufter TL Zimt
1 gestrichener TL Nelken
1/2 TL Kardamom
500 g Mehl
1 Msp. Muskatblüte
2 gestrichene TL Backpulver

Sirup, Zucker und Butter langsam erwärmen und in eine Rührschüssel geben, kalt stellen, unter die erkaltete Masse die Gewürze, das Backpulver mit 2/3 des Mehles rühren. Danach den Rest Mehl darunter kneten. Teig dünn ausrollen, Formen ausstechen und auf ein gut gefettetes Backblech legen und backen.

Backzeit: im vorgeheizten Ofen 7-10 Minuten bei 175-190 °C

Honiglebkuchen

Sehr altes Rezept
(bäckt Opa Schröter immer)

1 kg Mehl
1 kg Honig
250 g Butter
200 g mit der Schale geriebene Mandeln
abgeriebene Schale einer Zitrone
5 g Nelken
8 g Kardamom
30 g aufgelöste Pottasche (besser ist Hirschhornsalz oder Backpulver)

Honig und Butter kochen, vom Feuer nehmen. Dann das Mehl, die Gewürze und die geriebenen Mandeln dazurühren. Wenn der Teig etwas abgekühlt ist, die Pottasche dazugeben und gut durchkneten. Über Nacht stehen lassen. Teig ca. 5 mm dick ausrollen und mit einem Backrädchen viereckige Lebkuchen ausrädeln und mit einer Mandelhälfte belegen. Backen. Nach dem Backen kann man die Lebkuchen auch mit Rumglasur bestreichen.

Backzeit: 20 Minuten bei 160-170 °C gelbbraun

Die Lebkuchen in Blechdosen lagern!

Schoko-Printen

500 g Kunst- oder Bienenhonig
500 g Mehl
1 Päckchen Backpulver
125 g Butter oder Margarine
200 g Zucker
2 Eier
abgeriebene Zitronenschale oder Zitroback
2 EL Rum
3 EL fein gehacktes Orangeat
50 g fein geriebene Walnüsse
1 EL Zimt
1/2 TL Nelken
1 Msp. Kardamom
1/2 TL Macis (Muskatblüte)

Honig erwärmen und abkühlen, Mehl unterrühren, Butterflöckchen und Zucker dazugeben und Eier, Zitroback, Rum, Orangeat, Nüsse und Gewürze. Alles zu einem festen Teig verkneten. 60 Minuten ruhen lassen. Teig dann ca. 2-3 mm dick ausrollen und mit dem Teigrädchen lange Stangen ausrädeln. Nach dem Backen die Printen mit Kuvertüre oder Arrakglasur bestreichen.

Backzeit: 10-15 Minuten bei 180-190 °C

Arrakglasur

200 g Puderzucker, 1 EL heißes Wasser
1/2 TL Essig, 2 EL Arrak

Alle Zutaten 10 Minuten fest miteinander verschlagen.

Zuckerglasur

200 g Puderzucker, etwas Rum
1 EL heiße Milch, 2 Eiweiß, 1 EL Stärkemehl

Zucker und Eiweiß 1/4 Stunde rühren, dann Rum und Stärkemehl dazugeben.

Butterplätzchen I

von Uroma Martha Schröter (bäckt Opa Schröter immer)

250 g Butter, 250 g Zucker, 2 Eier
500 g Mehl, 2 TL Backpulver

Aus den Zutaten einen Mürbteig kneten, dünn ausrollen. Mit kleinen Förmchen Sterne ausstechen. Backen. Aus Puderzucker und Rum Zuckerguss bereiten und auf die ausgekühlten Plätzchen streichen.

Backzeit: 10-15 Minuten bei 170-180 °C

Butterplätzchen II

von Martha Luge, Tannroda

500 g Mehl
375 g Butter
3 Eier trennen
1 Päckchen Vanillezucker
3 EL Zucker
250 g Puderzucker

Aus dem Mehl, Butter, Zucker und Vanillezucker einen Teig kneten und ausrollen. 3 Eiweiß mit Puderzucker zu Schnee schlagen und auf den Teig streichen. Mit dem Kuchenrädchen oder einem Messer Vierecke aus dem Teig schneiden und einige Stunden über Nacht stehen lassen. Dann backen.

Backzeit: 10-15 Minuten bei 160 °C

Butterplätzchen „Laura“

520 g Mehl
280 g Butter
1 Prise Salz
200 g Zucker
1 Eigelb
2 Päckchen Vanillezucker
abgeriebene Zitronenschale oder Zitroback
1/2 TL Zimt

Zutaten zu einem Mürbteig verkneten und 1 Stunde im Kühlschrank kühl stellen. Dann den Teig 5 mm dick ausrollen, mit Formen Figuren ausstechen und auf einem gut gefetteten Blech backen. Wer mag, bestreicht die Plätzchen nach dem Backen mit Schokoladenguss, Kuvertüre oder Zuckerglasur. Mit bunten Kuchenstreuseln bestreuen.

Backzeit: 10 Minuten bei 180-190 °C

Feine Butterplätzchen

600 g Mehl
200 g Zucker
2 Päckchen Vanillezucker
2 Eier
400 g Butter
1 Prise Salz

Zucker, Eier, Vanillezucker, Butter und Salz in der Küchenmaschine verrühren und langsam das Mehl zugeben. Den Teig in Alufolie wickeln und 1 Stunde im Kühlschrank ruhen lassen. Dann dünn ausrollen und nach Belieben Plätzchen daraus herstellen. Backen.

Backzeit: 10-15 Minuten bei 170-180 °C

Aus diesem Teig lassen sich Spritzplätzchen mit Marmelade, ausgestochene Plätzchen mit Eigelb bestrichen und mit Zucker bestreut oder mit Rumglasur bestrichene Plätzchen herstellen.

Es ist ein guter Butterteig, der sich beliebig variieren lässt.

Dotter-Butter-Plätzchen

von Lissi Ludwig, Blankenhain

400 g Butter
200 g Zucker
6 gekochte Eidotter
1 Päckchen Vanillezucker
500 g Mehl

Die weiche Butter mit Zucker in der Küchenmaschine schaumig rühren. Die Eidotter durch ein Sieb streichen und dazugeben. Vanillezucker und das Mehl langsam unterarbeiten und alles zu einem Teig verkneten. Teig etwas kühl ruhen lassen, dann dünn ausrollen, mit Formen ausstechen und auf einem gut gebutterten Blech backen. Nach dem Backen die Plätzchen mit Zuckerguss bestreichen oder vor dem Backen mit Eigelb bestreichen und mit Hagelzucker bestreuen.

Backzeit: 10-15 Minuten bei 170-180 °C

Rumplätzchen

125 g Butter, 250 g Zucker
1 Ei, 2 Päckchen Vanillezucker
1/2 Tasse saure Sahne
2 EL Jamaika Rum
1/2 Päckchen Backpulver, ca. 500 g Mehl

Die weiche Butter schaumig rühren, Ei und Zucker dazugeben. Sahne, Rum und Vanillezucker unterrühren. Backpulver mit dem Mehl mischen und alles zu einem geschmeidigen Teig verkneten. 1 Stunde kühl ruhen lassen.
Den Teig sehr dünn ausrollen und Sterne ausstechen. Mit geschlagenem Eigelb bestreichen. Auf gebuttertem Blech goldgelb backen.

Backzeit: 10-15 Minuten 160-170 °C

Friesengebäck

von Martha Luge, Tannroda

500 g Mehl
2 Eigelb, 1 ganzes Ei
200 g Zucker, 250 g Butter
abgeriebene Schale von einer Zitrone oder Zitroback
1 Päckchen Vanillezucker
1/2 Päckchen Backpulver, 2 EL Kakao

Aus den Zutaten einen Mürbteig kneten, alles gut verarbeiten. Die Hälfte des Teiges mit Kakao dunkel färben. Diesen und den hellen Teig ausrollen, aufeinander legen und in ein mit Zucker bestreutes Papier einrollen. Einige Stunden kalt stellen, dann in Scheiben schneiden und auf einem gut gefetteten Backblech backen.

Backzeit: 10-15 Minuten bei 160-170 °C

Mürbteig-Butterplätzchen

200 g Butter
200 g Butterschmalz
2 Päckchen Zitroback oder abgeriebene Zitronenschale
2 Päckchen Bourbon-Vanillezucker
6 Eigelb
2 EL Rum oder Arrak
700 g Mehl
250 g Zucker

Die weiche Butter mit dem Butterschmalz in der Küchenmaschine mit Knethaken langsam verrühren. Eigelb, Zitroback, Vanillezucker und Rum unter die Butter rühren. Nicht zu schnell rühren. Mehl dazugeben und mit dem Knethaken zu einem Teig verarbeiten. Den Teig einige Stunden im Kühlschrank ruhen lassen.
Dann Teig ausrollen, mit Formen ausstechen und auf einem gut gebutterten Blech backen. Die abgekühlten Plätzchen mit Marmelade füllen oder mit Puderzuckerglasur bestreichen.

Backzeit: 10-15 Minuten bei 160-180 °C

Spritzplätzchen

von Uroma Martha Schröter, Tannroda

250 g Butter
250 g Zucker
500 g Mehl
2 Eier
1 TL Backpulver
1 Päckchen Vanillezucker
abgeriebene Schale einer Zitrone
100 g geriebene Mandeln
(können auch weggelassen werden)

Butter etwas anbräunen, mit Zucker verrühren und Eier dazugeben. Mehl mit Backpulver mischen, darunter kneten, Vanillezucker, Zitronenschale und Mandeln dazugeben und zu einem glatten Teig verkneten. Ca. 1 Stunde kühl stellen. Mit einer Plätzchenspritze Ringe oder S-Formen auf ein gut gefettetes Blech spritzen.

Backzeit: 10 Minuten bei 160-170 °C

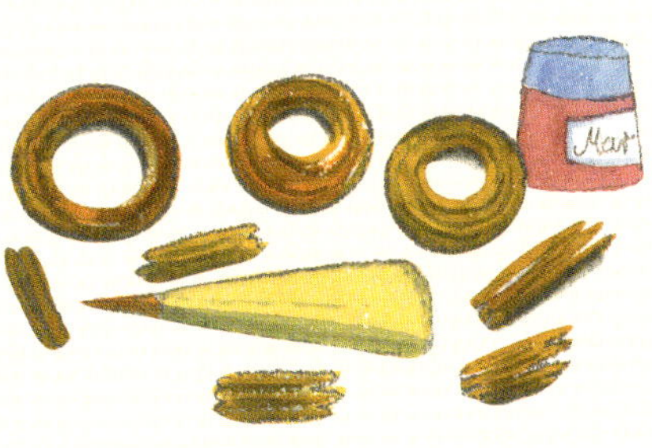

Butterringel mit Vanille

von Wolfgang Schröter

1 kg Mehl
600 g Zucker
3 Päckchen Vanillezucker
700 g Butter
2 Eier
500 g geriebene süße Mandeln

Butter weich werden lassen und mit Zucker und Eiern verrühren. Vanillezucker zugeben und mit Knethaken in der Küchenmaschine Mehl und Mandeln unterkneten.
Teig in Folie gewickelt 1-2 Stunden im Kühlschrank ruhen lassen. Dann den Teig durch den Fleischwolf mit Spritzansatz drehen, Stangen und Ringelchen formen. Plätzchen auf einem gut gebutterten Blech backen. Nach Belieben mit Kuvertüre verzieren.

Backzeit: 10-15 Minuten bei 160-170 °C

Thüringer S-Plätzchen

von Christine Schwarzer, Blankenhain

300 g Butter
300 g Zucker
2 Päckchen Vanillezucker
2 Eier
300 g Mehl
300 g Mondamin

Butter, Zucker und Eier in der Küchenmaschine rühren, Vanillezucker zugeben, dann langsam Mehl und Mondamin zugeben und alles zu einem Teig kneten. Mit der Gebäckspritze S-Formen oder auch andere Plätzchenformen auf ein gebuttertes Blech spritzen. Nach dem Erkalten die Plätzchen zur Hälfte mit Schokoladen-Kuvertüre verzieren.

Backzeit: 10-15 Minuten bei 170-180 °C

Butter-Spritzgebäck

von Susanne Preller, Weimar

300 g Butter
250 g Zucker
2 Eigelb
1 ganzes Ei
1 Prise Salz
1 Päckchen Vanillezucker
125 g geröstete, sehr fein gemahlene Mandeln
500 g Mehl

Butter etwas anbräunen und mit Zucker, Eigelb und Ei schaumig rühren, Salz und Vanillezucker zugeben, dann die geriebenen Mandeln und das Mehl zufügen. Alles zu einem Mürbteig verkneten. Mit Plätzchenspritze Ringe, Stangen oder S-Formen auf ein gut gebuttertes Blech spritzen. Nach dem Backen die Plätzchen halb in Kuvertüre tauchen.

Backzeit: 10-15 Minuten bei 180 °C

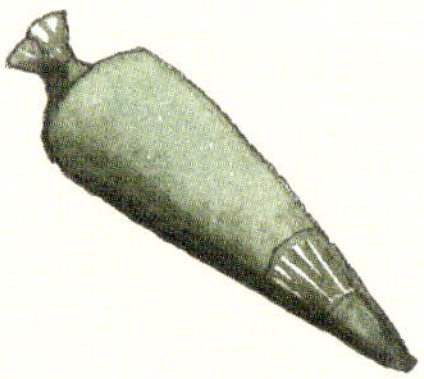

Sehr feines Spritzgebäck

von Wolfgang Schröter

600 g Butter
370 g Zucker
600 g Mehl
200 g Mondamin
3 Päckchen Bourbon-Vanillezucker
250 g geriebene Mandeln

Weiche Butter mit Zucker und Vanillezucker verrühren. Mehl und Mondamin mischen und mit Mandeln in der Küchenmaschine unterkneten. Der Teig muss kräftig durchgearbeitet werden. Teig in Folie wickeln und ca. 1 Stunde im Kühlschrank ruhen lassen. Danach den Teig mit der Plätzchenspritze oder dem Fleischwolf mit Spritzvorsatz zu Stangen, Ringen usw. auf ein gebuttertes Blech spritzen. Nach dem Backen die Enden der Plätzchen mit Kuvertüre einstreichen.

Backzeit: 10-15 Minuten bei 160-170 °C

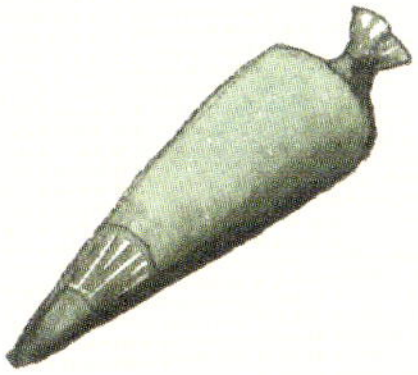

Spritzplätzchen „Florian“

500 g Butter
450 g Zucker
750 g Mehl
2 Eier
3 Päckchen Vanillezucker
2 EL Rum
250 g geriebene Mandeln oder Nüsse

Sehr weiche Butter in der Küchenmaschine schaumig rühren, Zucker und Eier dazugeben und mit den anderen Zutaten zu einem Teig verarbeiten. Teig einige Stunden in den Kühlschrank stellen. Mit Plätzchenspritze Ringe, Stangen oder S-Formen auf ein gut gebuttertes Blech spritzen. Nach dem Backen die Plätzchen halb mit Kuvertüre bestreichen.

Backzeit: 10-15 Minuten bei 170-180 °C

Thüringer Spritzgebäck

von Opa Wolfgang Schröter

450 g Butter
150 g Puderzucker
3 ganze Eier
2 Päckchen Vanillezucker
3 Eidotter
450 g Mehl, 240 g Mondamin

Butter mit Puder- und Vanillezucker, ganzen Eiern und Eigelben verrühren, dann das mit Mehl vermischte Mondamin zugeben und zu einem Teig verarbeiten.
In Folie wickeln und 1-2 Stunden im Kühlschrank lagern. Dann mit der Plätzchenspritze Plätzchen auf ein gut gebuttertes Blech spritzen und backen. Nach dem Backen einen Teil mit Kuvertüre einstreichen.

Backzeit: 10-15 Minuten bei 170-180 °C

Mandel-Spritzplätzchen

von Wolfgang Schröter

350 g Butter
250 g Zucker
1 Ei, 1 Eigelb
125 g geschälte und geriebene Mandeln
einige Tropfen Bittermandel-Aroma
500 g Mehl
1/2 Päckchen Backpulver

Butter, Zucker und Eier schaumig rühren, am besten in einer Küchenmaschine. Mehl und Mandeln zugeben, Backpulver mit etwas Mehl vermischt zugeben, einen geschmeidigen Teig kneten und etwa 1 Stunde kühl stellen. Dann mit Plätzchenspritze Ringe usw. auf ein gefettetes Backblech spritzen. Im vorgeheizten Ofen hellgelb backen.

Backzeit: ca. 15 Minuten bei 190-200 °C

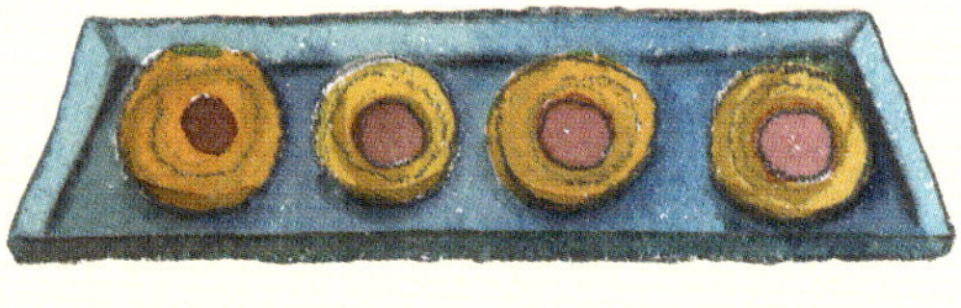

Haselnuss-Spritzplätzchen

von Wolfgang Schröter

150 g geriebene Haselnüsse (Kerne rösten und mahlen)
250 g Butter
250 g Zucker
1/2 TL Zimt
1 Prise Salz
1 Ei, 1 Eigelb
300 g Mehl
100 g Mondamin oder Kartoffelmehl
3 EL Milch

Haselnüsse auf einem Backblech bei 200 °C 10 Minuten im Backofen rösten. Nusshäutchen abreiben und auf der Mandelmühle reiben. In der Küchenmaschine die Butter schaumig rühren, Zucker, Eier, Zimt und Salz nach und nach dazugeben. Alles verrühren, dann das Mondamin unterkneten. Teig in Folie gewickelt mindestens 1 1/2 Stunden im Kühlschrank ruhen lassen.
Dann mit Plätzchenspritze zu Stangen, Ringen usw. auf ein gut gebuttertes Blech spritzen und backen. Nach dem Backen die Ecken oder Enden der Plätzchen mit Kuvertüre einstreichen.

Backzeit: 10-15 Minuten bei 160-170 °C

Tannrodaer Marzipan-Makronen

400 g Rohmarzipan
250 g geschälte geriebene Mandeln
400 g feiner Zucker, 8 Eiweiß, Oblaten (4 cm Ø)

Marzipan, Mandeln, Zucker und 3 Eiweiß in der Küchenmaschine mit Knethaken oder Rührhaken rühren, aber nicht schaumig schlagen. Die übrigen Eiweiß zu Schnee schlagen und langsam unterziehen. Mit einem Teelöffel kleine Häufchen auf die Oblaten setzen und backen.

Backzeit: 15 Minuten bei 160-170 °C

Haselnuss-Busserl-Makronen

von Wolfgang Schröter

12 Eiweiß, 750 g feiner Zucker (Puderzucker)
1,2 kg geriebene Haselnüsse, 1 TL Zimt
2 Päckchen Vanillezucker, 1 Prise Salz
etwas Bittermandelaroma, Oblaten (4 cm Ø)

Eiweiß sehr steif schlagen, Zucker darunter rühren, Vanillezucker, Zimt, Bittermandelaroma dazugeben, Haselnüsse unterheben. Mit einem Teelöffel kleine Häufchen auf die Oblaten setzen und backen.

Backzeit: 15 Minuten bei 160-170 °C

Thüringer Nussmakronen „Florian“

Altes Rezept

10 Eiweiß
500 g Zucker
1 Prise Salz
abgeriebene Schale von 1 Zitrone oder Zitroback
500 g geriebene Nüsse
1/2 Fläschchen Bittermandelaroma
1 1/2 TL Zimt
1/4 TL Nelken
1/2 TL Kardamom
Oblaten (4 cm Ø)

Eiweiß in der Küchenmaschine sehr steif schlagen, Salz, 2/3 des Zuckers langsam zugeben und rühren. Nüsse mit dem Rest Zucker, Zitroback, Gewürzen und Bittermandelaroma mischen und alles vorsichtig unter den Eischnee heben. Wenn die Masse zu dünn ist, noch geriebene Nüsse oder 2-3 Esslöffel Mehl zugeben.
Mit einem Teelöffel die Masse auf die Oblaten streichen und backen. Nach dem Backen erkalten lassen und mit einem Pinsel flüssige Kuvertüre oder Schokoladenglasur auftragen.

Backzeit: 15-20 Minuten bei 160-170 °C

Mandelmakronen

6 Eiweiß
1 Prise Salz
250 g Zucker
3 Päckchen Vanillezucker
1/2 Fläschchen Bittermandelaroma
1 TL Zimt
1 EL Rum
500 g geriebene Mandeln
Oblaten (4 cm Ø)

ZUCKERGUSS-GLASUR:
200 g Puderzucker, 2 EL heiße Milch,
etwas zerlassenes Palmin, etwas Rum

Eiweiß sehr steif schlagen, Zucker und Vanillezucker löffelweise dazugeben und weiterschlagen, bis ein steifer Schnee entstanden ist. Bittermandelaroma, Zimt und Rum dazugeben und die Mandeln langsam unterheben. 15 Minuten ruhen lassen. Mit einem Teelöffel kleine Häufchen auf die Oblaten setzen, auf ein Backblech geben und backen. Für die Glasur alle Zutaten gut miteinander verrühren, Masse darf nicht zu dünn sein. Abgekühlte Makronen damit überziehen.

Backzeit: 15-20 Minuten bei 160-170 °C

Kokosmakronen „Laura“

Rezept aus Tannroda

6 Eiweiß
1 Prise Salz
500 g Puderzucker
2 Päckchen Vanillezucker (Bourbon)
abgeriebene Schale von 1 Zitrone oder Zitroback
10 Tropfen Bittermandelaroma
500 g Kokosraspeln
2 EL Rum
Oblaten (4 cm Ø)

Eiweiß mit Salz zu steifem Schnee schlagen, langsam Puderzucker, Vanillezucker, Rum, Zitronenschale, Bittermandelaroma und Kokosraspeln vorsichtig unterheben. Mit 2 Teelöffeln kleine Häufchen auf die Oblaten setzen und backen. Abgekühlte Makronen nach Belieben mit der Spitze in flüssige Kuvertüre tauchen.

Backzeit: 15-20 Minuten bei 150-160 °C

Süße Mandelmakronen

750 g Zucker (Puderzucker)
500 g geriebene Mandeln
4 Eiweiß, abgeriebene Schale einer Zitrone
Oblaten

Eiweiß zu Schnee schlagen, Zucker, Mandeln und Zitronenschale zugeben und alles gut verrühren. Mit einem Löffel auf Oblaten streichen und auf einem gut gefetteten Blech backen.

Backzeit: 15 Minuten bei 160-170 °C

VARIANTEN:
a) Bittermandelaroma zugeben
b) Gewürzmakronen:
je 8 g Zimt, Nelken und Muskatblüten unter die Gebäckmasse mischen

Blankenhainer Haselnussbusserl

von Christine Schwarzer, Blankenhain

100 g zerlassene Butter
280 g geriebene Haselnüsse
280 g Zucker
2 Eiweiß
Oblaten (3-4 cm Ø)

Die zerlassene Butter abkühlen lassen, Zucker unterrühren, die Haselnüsse zugeben und zuletzt den Eischnee unterheben. Mit einem Teelöffel auf kleine runde Oblaten setzen und backen.

Backzeit: 20 Minuten bei 160 °C

Damit es nicht hart wird, das Gebäck nicht an der Luft abkühlen lassen, sondern in einem Gefäß.

Haselnuss-Busserl

von Opa Wolfgang Schröter

FÜR 120 STÜCK:
650-700 g geriebene Haselnüsse
500 g Zucker, am besten Puderzucker
10 Eiweiß (Sind die Eier sehr groß, evtl. etwas mehr Nüsse verwenden.)
2 TL Zimt
etwas Bittermandelaroma (oder Amaretto)
Oblaten (3-4 cm Ø)

Eiweiß schaumig rühren, Zucker dazugeben, unterrühren. Bittermandelaroma und Nüsse langsam dazugeben. Mit einem Teelöffel kleine Häufchen auf die Oblaten setzen und backen. Evtl. vorher mit einer Haselnuss verzieren.

Backzeit: 20 Minuten bei 160 °C

Kameruner

von Martha Luge, Tannroda

125 g Zucker
2 Eier
125 g Butter
250 g Mehl
1 Päckchen Vanillezucker
1/2 Päckchen Backpulver

Eier und Zucker schaumig rühren, Butter dazugeben und gut rühren, etwas Mehl dazugeben. Vanillezucker und Backpulver mit dem Rest Mehl vermischt dazugeben und alles zu einem Teig kneten. Den Teig ausrollen, Formen ausstechen und auf einem gut gefetteten Blech backen. Abgekühlt mit Zucker- oder Schokoladenguss überziehen.

Backzeit: 10-15 Minuten bei 170-180 °C

Spekulatius

von Christine Schwarzer, Blankenhain

500 g Mehl, 250 g Butter
250 g Zucker, 2 Eier
1 Päckchen Backpulver
1 1/2 TL Zimt

Butter, Zucker und Eier in der Küchenmaschine rühren. Zimt dazugeben, dann das Mehl langsam einarbeiten. Backpulver mit etwas Mehl mischen, zufügen und alles zu einem Teig verkneten. Etwas kühl stellen und dann dünn ausrollen und Formen ausstechen. Auf gut gebuttertem Blech goldgelb backen.

Backzeit: 10-15 Minuten bei 170-180 °C

Thüringer feine Butterherzen

von Wolfgang Schröter

FÜR 120 STÜCK:
250 g Butter
150 g Puderzucker, 1 Päckchen Vanillezucker
3 Eigelb, 500 g Mehl
GLASUR:
125 g Puderzucker,
3 EL roter Fruchtsaft, etwas Rum

Butter mit Puderzucker und Eigelb rühren, das gesiebte Mehl zufügen und zu einem Teig verkneten. Eine Stunde kühl stellen. Teig dünn ausrollen und Herzen ausstechen. Auf einem gut gebutterten Backblech backen. Zutaten für die Glasur verrühren und die abgekühlten Herzen mit der Glasur bestreichen.

Backzeit: 12 Minuten bei 190-200 °C

Mandelplätzchen

von Martha Luge, Tannroda

250 g Butter
250 g Zucker
abgeriebene Schale von einer Zitrone
1 Päckchen Vanillezucker
125 g abgezogene geriebene Mandeln
1/2 Päckchen Backpulver
500 g Mehl

Etwas angebräunte Butter und Zucker verrühren, Zitronenschale, Vanillezucker und Mandeln unterrühren. Backpulver mit Mehl vermischen und unterkneten. Teig ausrollen, Formen ausstechen, mit Eigelb bestreichen und mit Hagelzucker bestreuen, auf einem gefetteten Blech backen.

Backzeit: 10 Minuten bei 160-170 °C

Bärentatzen

von Christine Schwarzer, Blankenhain

625 g Butter, 650 g Mehl
200 g Puderzucker, 100 g Mondamin
Kuvertüre

Aus den Zutaten (außer Kuvertüre) einen Teig kneten und kleine Tatzen auf ein gut gefettetes Blech spritzen und backen. Nach dem Backen die Tatzen mit Kuvertüre verzieren.

Backzeit: 10-15 Minuten bei 170-180 °C

Schneeflocken

von Christine Schwarzer, Blankenhain

250 g Butter
250 g Mondamin
100 g Puderzucker
1 Päckchen Vanillezucker

Aus den Zutaten einen Teig bereiten, mit der Plätzchenspritze (Sterntülle) auf ein Blech spritzen und backen.

Backzeit: 10-15 Minuten bei 180 °C

Walnussherzen

von Wolfgang Schröter

FÜR 80 STÜCK:

300 g Butter
260 g Puderzucker
1 Prise Salz
1/2 TL Ingwerpulver
1-2 Päckchen Vanillezucker
2 Eigelb
500 g Mehl
120 g gemahlene Walnüsse

Butter, Zucker, Salz und Ingwerpulver cremig rühren. Vanillezucker, Eigelb, Mehl und Nüsse dazugeben und schnell zu einem glatten Mürbteig verarbeiten. Nicht zu lange kneten, sonst wird der Teig brüchig. Teig in Folie gewickelt 1-2 Stunden im Kühlschrank ruhen lassen.
Backbrett mit Mehl bestäuben, Teig darauf 3 mm dick ausrollen und kleine Herzen ca. 5 cm breit ausstechen. Die Herzen auf einem ungefetteten Blech backen.

Backzeit: 10 Minuten bei 190 °C

FÜLLUNG FÜR WALNUSSHERZEN:

50 g Rohmarzipan und 10 g Orangenmarmelade verrühren, auf die Herzen geben, mit einem weiteren Herzen zusammensetzen. Obere Seiten mit 250 g geschmolzener Kuvertüre bestreichen und mit je einer halben Walnuss verzieren.

Kokosberge

von Martha Luge, Tannroda

125 g Butter
100 g Zucker
125 g Mehl
75 g Mondamin
125 g Kokosraspeln
1 Ei
1 Päckchen Vanillezucker
1/2 Päckchen Backpulver

Ei, Zucker und Butter schaumig rühren, Mehl, Vanillezucker und Backpulver dazugeben. Mondamin und Kokosraspeln unterrühren. Mit einem Löffel kleine Häufchen auf ein gut gefettetes Blech setzen und backen.

Backzeit: 10-15 Minuten bei 160 °C

Kokostaler

Rezept aus Tannroda

200 g Mehl
2 Eier
200 g Zucker
2 Päckchen Vanillezucker
250 g Kokosflocken
150 g geriebene Zartbitterschokolade
100 g flüssiges Pflanzenfett
4 EL Rum
geriebene Zitronenschale

Mit der Küchenmaschine aus Mehl, Eiern, Zucker, Vanillezucker, Kokosraspeln, Schokolade, Pflanzenfett, Rum und Zitronenschale mit dem Knethaken einen Teig kneten und ca. 1/2 Stunde kalt stellen. Teig ausrollen und Plätzchen ausstechen, mit Eigelb bestreichen und mit Kokosraspeln bestreuen. Backen.

Backzeit: 10-15 Minuten bei 160-170 °C

Zum Einstreichen Eigelb mit etwas Wasser verdünnen.

Zimtsterne

875 g geriebene Nüsse oder Mandeln
250 g Semmel- oder Zwiebackbrösel
500 g Zucker
6 Eier
125 g Marzipan-Rohmasse
25 g Zimt
50 g geriebene Zitronenschale oder Zitroback
125 g Biskin (sehr weich, nicht flüssig)

GLASUR:
375 g Puderzucker, 3 Eiweiß

Eier und Zucker in der Küchenmaschine kräftig schlagen, Marzipan zugeben und gut rühren. Nüsse dazugeben und langsam die Brösel mit dem Knethaken unterrühren. Dann Zimt, Zitronenschale und das Biskin dazugeben. Alles zu einem Teig kneten.
Für die Glasur Eiweiß zu Schnee schlagen, Puderzucker dazugeben und mit dem Schneebesen schaumig schlagen.
Teig 9 mm dick ausrollen, Sterne ausstechen und einzeln mit der Glasur überziehen.

Backzeit: 5-6 Minuten bei 175 °C

Man kann den Teig auch 1 cm stark ausrollen, Glasur aufstreichen und mit einem nassen Ausstecher Sterne ausstechen. Übrig gebliebenen Teig mit etwas geriebenen Nüssen und Zimt kneten und wieder ausrollen.

Marillenringe

von Wolfgang Schröter (Lieblingsplätzchen von Enkel Tobias)

FÜR CA. 100 STÜCK:
800 g Mehl
240 g Zucker
2 Prisen Salz
abgeriebene Schale von 2 Zitronen oder Zitroback
2 Päckchen Vanillezucker
2 Eigelb
500 g Butter
4 cl Rum

Mehl in eine Schüssel sieben, in die Mitte eine Mulde drücken, Zucker, Salz, Zitronenschale, Vanillezucker, Eigelb, Rum hineingeben. Butterstücke auf dem Mehlrand verteilen und alles zu einem glatten Mürbteig verkneten. Teig eine Stunde in den Kühlschrank stellen. Dann den Teig 3 mm dick ausrollen und gleiche Anzahl Sterne oder runde Formen ausstechen. Aus der Hälfte der Plätzchen in der Mitte runde Ringe ausstechen. Nach dem Backen die Marillenringe mit Aprikosen- oder Johannisbeermarmelade bestreichen und mit einem Lochplätzchen abdecken, zuletzt mit Puderzucker bestieben.

Backzeit: 10-15 Minuten bei 180 °C

Plätzchen in einer viereckigen Blechdose aufbewahren: immer eine Schicht Plätzchen legen und mit Butterbrotpapier abdecken, dann die nächste Plätzchenschicht legen, Butterbrotpapier darauf usw.

Hagelzuckerplätzchen

Man kann aus dem Teig auch Hagelzucker-Ringe backen. Dann nur Lochplätzchen ausstechen. Eigelb schlagen und die Lochplätzchen vor dem Backen damit bestreichen, mit Hagelzucker bestreuen, backen.

Marillen-Plätzchen oder „Florian-Spitzbuben"

Wolfgang Schröters Beste

500 g Butter
400 g Puderzucker
2 Eier, etwas Bittermandelaroma
840 g Mehl, 4 Päckchen Vanillezucker
240 g ungeschälte geriebene Mandeln

Butter weich werden lassen und mit Zucker, Eiern und Gewürzen schaumig rühren. Mehl und Mandeln zugeben und alles zu einem Teig verarbeiten. Kühl stellen.
Dann den Teig 3 mm dick ausrollen und runde Formen ausstechen. Aus der Hälfte der Plätzchen ein Loch ausstechen.
Nach dem Backen Plätzchen mit Marmelade bestreichen und Plätzchen mit Loch darauf legen. Mit Puderzucker bestäuben.

Backzeit: 10-15 Minuten bei 160-170 °C

Aprikosenringe

600 g Mehl, 2 Eier
240 g Zucker, 400 g Butter
abgeriebene Schale von einer Zitrone oder Zitroback
1 Msp. Zimt

Alle Zutaten zu einem Mürbteig verkneten und 2 Stunden kalt stellen. Dann den Teig etwa 4 mm dick ausrollen, runde Plätzchen ausstechen, die Hälfte davon mit einem Loch. Plätzchen backen, dann mit Aprikosenmarmelade füllen und mit Puderzucker bestäuben.

Backzeit: 15 Minuten bei 180 °C

Spitzbuben

250 g Butter, 200 g Zucker
1 Ei, 1 Päckchen Vanillezucker
125 g fein geriebene Mandeln
400 g Mehl

Aus den Zutaten einen Knetteig bereiten, ein halbe Stunde kalt stellen, dann messerdick ausrollen. Runde, gezackte Plätzchen oder Sterne ausstechen, die Hälfte mit einem Loch in der Mitte. Auf gut gebuttertem Blech backen. Nach dem Backen mit Marmelade bestreichen, ein Lochplätzchen darauf setzen, mit Puderzucker bestäuben.

Backzeit: 15 Minuten bei 180-190 °C

Thüringer doppelte Plätzchen

(Spitzbuben) von Wolfgang Schröter

500 g Mehl
1/2 Päckchen Backpulver
2 Eier
180 g Zucker
2 Päckchen Bourbon-Vanillezucker
2 Tropfen Bittermandelöl
abgeriebene Schale einer Zitrone oder Zitroback
250 g Butter
150 g geriebene Haselnüsse oder Mandeln
1 EL Rum

Weiche Butter und Zucker in der Küchenmaschine schaumig rühren. Eier, Rum, Vanillezucker, Bittermandelöl und Zitronenschale zugeben. Backpulver mit Mehl mischen und alles zu einem Teig kneten. Teig mit Folie bedeckt 1 Stunde im Kühlschrank ruhen lassen. Dann Sterne oder runde Formen ausstechen, evtl. bei einem Teil in der Mitte ein Loch ausstechen. Auf gut gebuttertem Blech backen. Nach dem Backen die Plätzchen mit Marillenmarmelade bestreichen, mit einem anderen Plätzchen abdecken und mit Puderzucker bestäuben.

Backzeit: 10-15 Minuten bei 160-170 °C

Einfache Vanillekipferl

von Christine Schwarzer, Blankenhain

360 g Mehl, 140 g geriebene Mandeln
250 g Butter, 1 Prise Salz
2 Eier, 100 g Zucker
Vanillezucker, Puderzucker

Butter, Eier und Zucker verrühren, Mandeln, Salz und Mehl dazugeben und alles zu einem Teig verkneten. Teig rollen und schneiden. Kleine Kipferl formen (ca. 4 cm lang). Die Kipferl auf einem gut gebutterten Blech backen. Anschließend Puderzucker mit Vanillezucker mischen und die noch warmen Kipferl darin wälzen.

Backzeit: 10 Minuten bei 175 °C

Haferflockenplätzchen I

von Uroma Martha Schröter

2 Eier, 250 g Zucker
125 g Butter, etwas Rum
250 g Mehl
250 g Haferflocken
2 Päckchen Vanillezucker
1 Päckchen Backpulver

Eier und Zucker rühren, Butter dazugeben, Rum, Mehl und Haferflocken unterrühren, Backpulver und Vanillezucker dazugeben. Mit einem Löffel kleine Häufchen auf ein Blech setzen. Backen.

Backzeit: ca. 20 Minuten bei 150-160 °C

Haferflockenplätzchen II

von Christine Schwarzer, Blankenhain

200 g Butter
200 g Zucker
100 g geriebene Mandeln oder Nüsse
375 g Haferflocken
1 Ei
1 Päckchen Vanillezucker
1 TL Backpulver
1 EL Mehl
Oblaten (3-4 cm Ø)

Butter, Ei und Zucker verrühren, dann die übrigen Zutaten zugeben und verrühren. Mit einem Teelöffel kleine Häufchen auf runde Oblaten setzen und backen.

Backzeit: 20 Minuten bei 160 °C

Haferflockenplätzchen III

von Uroma Martha Schröter

500 g Haferflocken, 4 Eier
400 g Zucker, 100 g Butter
Saft und abgeriebene Schale einer Zitrone

Eier, Zucker und Butter schaumig rühren, Haferflocken und Zitrone dazugeben, gut durchrühren. Kleine Häufchen mit einem Teelöffel auf ein Blech setzen oder auf Oblaten backen.

Backzeit: 20 Minuten bei 160 °C

Grießplätzchen

von Martha Luge, Tannroda

4 Eier, ca. 60 g Butter
500 g Grieß, 300 g Zucker, 1/4 Päckchen Backpulver

Butter und Zucker schaumig rühren, dann die Eier dazugeben und nochmals gut rühren, zuletzt Grieß und Backpulver vermischt zugeben. Mit einem Löffel kleine Häufchen auf ein gut gefettetes Blech setzen und backen.

Backzeit: 15-20 Minuten bei 160 °C

Anisplätzchen

altes Rezept

3 Eier
200 g Puderzucker
2 Päckchen Vanillezucker
1 Prise Salz
200 g Mehl
1 TL gemahlener Anis

Eier, Zucker, Vanillezucker und Salz mit der Küchenmaschine ca. 20 Minuten gut schaumig rühren. Mehl mit dem Backpulver mischen und dazugeben, dann den Anis zufügen. Nochmals gut rühren.
Mit einem Löffel kleine Häufchen auf ein gut gefettetes Blech setzen und über Nacht trocknen lassen, damit die Plätzchen „Füßchen“ bekommen. Dann backen.

Backzeit: 20-25 Minuten bei 160-170 °C

Weinplätzchen

von Lissi Ludwig, Blankenhain

250 g Butter, 250 g Mehl
3 EL Weißwein, 1 Eigelb, 100 g Zucker

Alle Zutaten zu einem Teig verarbeiten und 24 Stunden ruhen lassen. Teig dann ausrollen und zusammenschlagen, dies 3-4 mal wiederholen. Ausrollen und mit Formen Plätzchen ausstechen und auf einem gut gebutterten Blech backen. Mit Puderzucker bestreuen.

Backzeit: 10-15 Minuten bei 170-180 °C

Blätterteig-Weinplätzchen

von Käthe Hofmann, Kleinkochberg

250 g Butter, 1 Eigelb
1 EL Puderzucker, 2 EL Weißwein
250-300 g Mehl (so viel es annimmt)

Aus Butter, Eigelb, Puderzucker und Mehl schnell einen Teig kneten und über Nacht stehen lassen. Am nächsten Tag den Teig ausrollen, mit einer kleinen Form Plätzchen ausstechen, auf ein gefettetes Backblech legen und mit Eigelb bestreichen. Backen.

Backzeit: 10-20 Minuten bei 170-180 °C

Blätterteig-Plätzchen

von Martha Luge, Tannroda

500 g Butter, 9 EL saure Sahne, 3 EL Rum, 3 Eier, trennen
200 g Zucker, 650 g Mehl

Butter, Sahne, Rum und Eigelb rühren und das Mehl unterarbeiten. Den Teig gut kneten, einige Stunden ruhen lassen, aber nicht im Kühlschrank. Dann den Teig ausrollen und runde Plätzchen ausstechen, mit Eiweiß bestreichen und mit Zucker und Mandeln bestreuen. Backen.

Backzeit: ca. 10 Minuten bei 160-170 °C

Fettplätzchen

von Christine Schwarzer, Blankenhain

250 g Fett (Schweinefett), 250 g Butter
1/2 Becher Sahne, 1 Ei
1 EL Zucker, 1 EL Rum
500 g Mehl

Aus den Zutaten einen Teig bereiten, 30 Minuten kühl stellen, dann ausrollen und mit Förmchen Plätzchen ausstechen. Mit Eigelb bestreichen, mit Zucker bestreuen, auf ein gefettetes Blech legen und backen.

Backzeit: 10-15 Minuten bei 170-180 °C goldgelb backen

Schmalzplätzchen

500 g Mehl
150 g Butter
150 g Schweineschmalz
270 g Zucker (etwas davon aufheben)
1 Prise Salz
abgeriebene Schale einer Zitrone
2 Eier zum Bestreichen
2 TL Zimt zum Bestreuen

Aus den Zutaten einen Knetteig mischen und eine Stunde kühl stellen. Dann nochmals durchkneten und 5-6 Rollen aus dem Teig formen. Den restlichen Zucker mit Zimt mischen, Eier mit einer Gabel schlagen, die Rollen mit Ei bestreichen und im Zimtzucker wälzen. Die Rollen in Scheiben schneiden und auf ein gut gefettetes Backblech legen. Im vorgeheizten Ofen hellbraun backen.

Backzeit: 12-15 Minuten bei 175-180 °C

Kuchen und Torten

Mürbteig I für Obstkuchen

von Wolfgang Schröter

400 g Mehl
1 Msp. Backpulver
1 Prise Salz
120 g Zucker
1 Päckchen Vanillezucker
250 g Butter oder Margarine
2 Eier
2 EL Rum
100 g gemahlene Mandeln (kann man auch weglassen)

Alle Zutaten bis auf die Mandeln zu einem Teig verarbeiten, zuletzt die Mandeln dazugeben oder auf den ausgerollten Teig streuen. Vor dem Ausrollen den Teig 30 Minuten kalt stellen, dann auf einem Blech ausrollen. Teig mehrmals mit einer Gabel einstechen. Gut geeignet für Obstkuchen.

Backzeit: 20-25 Minuten bei 180-190 °C im vorgeheizten Backofen

Mürbteig für Quark- und Mohnkuchen

aus Tannroda

375-400 g Mehl
200 g Butter oder Margarine
100 g Zucker
1 Ei
1 Päckchen Vanillezucker
1/2 Päckchen Backpulver
1 Prise Salz
1 EL Rum

Aus den Zutaten schnell einen Teig kneten. Dieser Teig ist gut für Obst-, Quark- oder Mohnbelag. Nach Rezept entsprechend weiter verarbeiten.

Backzeit: 20-30 Minuten bei 180-190 °C

Mürbteig

Für ein Herdblech:

500 g Mehl, 200 g geschmeidige Margarine
200 g Zucker, 1 Päckchen Vanillezucker
2 Eier, 1 Prise Salz, 1 TL Backpulver

Aus den Zutaten mit dem Rühr- und Knethaken der Küchenmaschine einen Teig bereiten und ca. 1 Stunde im Kühlschrank kalt stellen.

Backzeit: ca. 30 Minuten bei 180-200 °C

Mürbteig für Obst- und Marzipankuchen

von Käthe Hofmann, Kleinkochberg

2 Eier, 125 g Zucker
125 g Butter, 1/2 Päckchen Backpulver
300-350 g Mehl

Zutaten zu einem Mürbteig verarbeiten und auf einem Backblech ausrollen. Nach Rezept belegen und backen.

Backzeit: ca. 15-20 Minuten bei 180-190 °C

Mürbteig II für Obstkuchen

FÜR EIN HERDBLECH:
400 g Mehl
150 g Butter oder Margarine
200 g Zucker
1 Päckchen Vanillezucker
2 Eier

Mehl in eine Schüssel sieben, in die Mitte eine Mulde drücken. Zucker, Vanillezucker und Eier hineingeben, Fett in Flocken an den Rand setzen und mit der Hand oder der Küchenmaschine zu einem glatten Teig verkneten.
Teig ausrollen und auf ein gefettetes Blech geben. Nach Anweisung belegen und backen.

Backzeit: 25 Minuten bei 180-190 °C

Mürbteigboden für Obsttorten

FÜR EINE SPRINGFORM:
250 g Mehl, 1/2 Päckchen Backpulver, 80 g Margarine
75 g Zucker, 1 Prise Salz, 1 Ei, 2 EL Milch

Margarine, Ei und Zucker in die Küchenmaschine geben und schaumig rühren, Milch zugeben, Backpulver mit dem Mehl vermischen und nach und nach mit dem Knethaken unterarbeiten. Den Teig in eine gefettete Springform drücken und mit einer Gabel einstechen, dann backen.

Backzeit: ca. 25-30 Minuten bei 170-180 °C

Tortenboden „Elsbeth“

von Lissi Ludwig, Blankenhain

FÜR EINE SPRINGFORM:
2 Eier, 4 EL Zucker, 6 EL Öl, 1 Tasse Mehl
1 1/2 TL Backpulver, 2 EL Milch

Aus den Zutaten einen Teig bereiten, in eine Springform drücken und backen.

Backzeit: ca. 20-30 Minuten bei 170-180 °C

Boden lässt sich gut mit frischem Obst belegen.

Der schnelle Obstkuchenboden

von Frau Horn, München

5 EL Mehl, 4 EL Zucker
1/2 Päckchen Backpulver, 1 Päckchen Vanillezucker
3 Eier, 2 EL Öl, 1 EL Essig

Aus den Zutaten einen Teig rühren, in eine Springform geben und backen. Nach dem Backen mit Obst belegen und mit Tortenguss überziehen. Das Obst (z.B. Zwetschgen) kann auch gleich mit dem Boden mitgebacken werden.

Backzeit: ca. 20- 30 Minuten bei 170-180 °C

Mürbteig für Marzipankuchen

von Martha Luge, Tannroda

250 g Butter, 200 g Zucker, 4-5 Eigelb
1 Päckchen Backpulver, 1 Msp. Hirschhornsalz
400-500 g Mehl

Alle Zutaten in der Küchenmaschine zu einem Mürbteig verarbeiten und auf einem Herdblech ausrollen. Nach Rezept Marzipanbelag (siehe S. 101) einen Belag herstellen und den Kuchen fertig stellen.

Backzeit: ca. 30 Minuten bei 170-180 °C

Mürbteig III für Obstkuchen

von Wolfgang Schröter

FÜR EINE SPRINGFORM:

125 g Butter oder Margarine (gut gekühlt)
1 Prise Salz
70 g Zucker (evtl. Puderzucker)
1 Päckchen Vanillezucker
1 Ei
250 g Mehl
1/4 TL Backpulver

Die Zutaten in die Küchenmaschine geben und mit dem Knethaken auf niedrigster Stufe vermengen. Auf höhere Stufe einstellen und alles gut zu einem Mürbteig verkneten. Teig 1/2 Stunde in den Kühlschrank stellen, dann in eine Springform legen, nach Belieben mit Obst belegen und backen.

Backzeit: ca. 30 Minuten bei 180-190 °C

Der Boden eignet sich auch gut für Quarkkuchen.

Hefeteig

von Familie Edwin Schröter, Tannroda

500 g Mehl
1 1/2 EL Zucker
1 Prise Salz
1 Ei
100-120 g Butter oder Margarine
1/8 l saure Sahne oder Milch
1 Beutel Trockenhefe

Die weiche Butter, Ei, Salz und Zucker in der Küchenmaschine verrühren, dann Milch oder Sahne dazugeben und kräftig rühren. Mehl und Hefe nach und nach zugeben, alles in der Maschine kneten.
Teig auf einem Backblech ausrollen und mit einer Gabel einstechen, 30 Minuten in der Wärme gehen lassen. Dann Obst, Quark oder Mohn darauf geben und backen.

Backzeit: 30-40 Minuten bei 180-190 °C

Schröters Hefeteigboden

Rezept aus Tannroda

FÜR EIN HERDBLECH:

300 g Mehl
etwas Salz
2 EL Zucker
50 g Margarine
1 Ei
etwas Milch (ca. 100 ml)
abgeriebene Zitronenschale
1 Päckchen Vanillezucker
20 g Hefe (1/2 Würfel)
etwas Rum

Margarine, Zucker, Milch, Hefe, Vanillezucker, Salz, Ei, Rum und Zitronenschale mit dem Mehl in der Küchenmaschine zu einem Teig verarbeiten und an einem warmen Ort gehen lassen.
Dann den Teig ausrollen, auf ein gebuttertes Blech geben, Rand hochziehen und nochmals gehen lassen. Nun den Belag darauf geben und backen.

Backzeit: 35-40 Minuten bei 180-190 °C

Hefeteig für Obst- und Mohnkuchen

von Schröters

FÜR EIN HERDBLECH:

100 g Margarine
60 g Zucker
1/2 Würfel Hefe (ca. 20 g) oder Trockenhefe
1 Ei
1/4 Tasse Milch
1 Prise Salz
300-350 g Mehl

Butter, Eier und Zucker in der Küchenmaschine rühren, Milch und Hefe zugeben, Salz und das Mehl unterrühren. Teig kneten und 1/2 Stunde gehen lassen.

Teig dünn ausrollen und ca. 15 Minuten gehen lassen. Den Boden mit Obst- oder Mohnbelag belegen, Guss darauf geben und backen.

Backzeit: 30-35 Minuten bei 190-200 °C

Falscher Hefeteig

von Martha Luge, Tannroda

FÜR EIN HERDBLECH:

300 g Mehl, 150 g Quark
75 g Zucker
6 EL Öl, 6 EL Milch
1 Päckchen Backpulver, 1 Prise Salz

Quark, Zucker, Öl und Salz verkneten, Mehl dazugeben und alles zu einem Teig verarbeiten, ausrollen, belegen und backen.

Backzeit: 30 Minuten bei 160-170 °C

Der Teig ist gut geeignet für Obstkuchen, besonders Pflaumenkuchen. Dann nochmals Öl auf die Pflaumen geben. Schmeckt wie richtiger Hefeteig.

Schröters Quarkölteig

400 g gesiebtes Mehl, 1 Prise Salz
6 EL lauwarme Milch
1/2 Würfel Hefe (20 g) oder Trockenhefe
3 EL Zucker
350 g sehr trockener Quark
6 EL Öl, 1 Ei
1 Zitroback oder abgeriebene Schale einer Zitrone

Mehl, in warmer Milch aufgelöste Hefe und Quark in die Küchenmaschine geben, mit dem Knethaken alles gut verrühren. Ei, Öl, Zucker, Salz und Zitronenschale dazugeben und alles zu einem Teig verarbeiten. Der Teig kann ohne Wartezeit ausgerollt werden. Auf gut gebuttertes Blech legen und mit Obst, Mohnbrei oder Quark belegen und backen.

Backzeit: 25 Minuten für trockenen Kuchen
60 Minuten für Obstkuchen bei Umluft 160 °C, Elektroherd 200 °C

Schmeckt frisch besonders gut!

Wasser-Hefeteig

von Martha Luge, Tannroda

2 Eier, 250 g Butter oder Margarine
100 g Zucker, 1 Tasse Milch, 40 g Hefe
500 g Mehl, 1/2 Päckchen Backpulver
1 Päckchen Vanillezucker

Mit Eiern, Butter, Zucker, Milch, Hefe, Backpulver und Mehl einen Teig kneten, in ein Geschirrtuch binden und ins kalte Wasser legen, bis der Teig hochkommt (ca. 2 Stunden). Teig und Wasser müssen nicht im Warmen stehen.
Teig auf einem Blech ausrollen, den Belag darauf geben und backen.

Backzeit mit Obstbelag: 60 Minuten bei 170-180 °C
Backzeit für trockenen Kuchen (Streuselkuchen): 30 Min. bei 170-180 °C

Guss für Obstkuchen (Titsche)

von Familie Schröter

FÜR EIN HERDBLECH:

1/4 l saure Sahne
2 Eier
3-4 EL Mehl
1 EL Zucker

Sahne und Eier kräftig schlagen, dann Zucker und Mehl zugeben und nochmals kräftig schlagen.
Wenn der Kuchen halb gar gebacken ist, den Sahneguss mit einem Löffel darüber geben, mit Zimt bestreuen und weiterbacken.
Nach dem Backen reichlich Zucker auf den heißen Kuchen streuen.

Eignet sich u.a. für Zwetschgen-, Quark-, Apfel- oder Stachelbeerkuchen.

Thüringer Decke oder Guss für nasse Kuchen, Obst- und Quarkkuchen

von Martha Luge, Tannroda

FÜR EIN HERDBLECH:

1/4 l Milch oder saure Sahne
2 Eier (wenn große Eier, nur 1)
1 1/2 EL Mehl
1 EL Zucker
1 EL Rum
1/2 TL Backpulver oder Natron

Alle Zutaten kräftig schlagen, über den Kuchen gießen und backen. Man kann auch die Eier trennen, Eigelb mit den Zutaten schlagen, das Eiweiß zu Schnee schlagen und unter die Masse ziehen.

Wird in Thüringen für alle Obstkuchen und Quarkkuchen verwendet.

Puddingbelag für Boden und Decke von Obstkuchen

von Wolfgang Schröter

BELAG:

1 Päckchen Puddingpulver Vanillegeschmack
100 g Margarine
100 g Zucker
1 Prise Salz
1/2 l Milch

DECKE:

1 Ei trennen
50 g Margarine
1 Becher saure Sahne

Aus Milch und Puddingpulver einen Pudding kochen. Den Zucker und die Margarine unterrühren und kalt werden lassen. Die Hälfte auf den Teig streichen und Obst darauf geben.
Die andere Hälfte Pudding mit dem Eigelb, der Margarine und der Sahne verrühren. Eiweiß zu Schnee schlagen und unterziehen, die Masse auf den Obstbelag streichen und backen.

Belag oder Unterbrei für Obstkuchen

FÜR EIN HERDBLECH:

600 g Quark
4 1/2 EL Zucker
1 Ei
1 Päckchen Vanillepudding
2-3 EL Sahne
50 g Butter
1 EL Rum

Aus den Zutaten eine cremige Masse rühren und auf den ausgerollten Teig streichen, darauf Obst- oder Beerenbelag geben, evtl. etwas Zimt auf das Obst streuen und Guss oder Decke darauf gießen und backen. Auf den noch warmen Kuchen mit einem Löffel Zuckerwasser geben.

Unterbelag für Obstkuchen

FÜR EIN HERDBLECH:
1/2 l Milch
1 Päckchen Vanillepudding
1 Päckchen Vanillezucker
1/2 Päckchen Vanillearoma
70 g Butter
4 EL Zucker
1 Prise Salz
2 Eier, trennen

Milch mit Zucker kochen; in etwas kalter Milch Puddingpulver anrühren und in die noch kochende Milch geben und etwas abkühlen lassen. Vanillezucker, Aroma, Salz, Butter und Eigelb unterrühren. Eiweiß zu Schnee schlagen und untermischen, gut durchschlagen und auf den Teig streichen. Obst darauf geben und den Guss darüber gießen.

Der Belag eignet sich gut für Rhabarber-, Stachelbeer-, Kirsch- und Apfelkuchen.

Thüringer Zwiebelkuchen

von Martha Luge, Tannroda

FÜR EIN HERDBLECH:

750 g Roggenbrotteig vom Bäcker oder fertige Brotbackmischung
2 kg Zwiebeln
1/2 Tasse Öl, 0,33 l Milch
2 EL Grieß, Salz, ca. 250 g Speck

GUSS:

1/4 l saure Sahne
2-3 EL Mehl
2 Eier und etwas Zwiebelwasser
Kümmel

Teig auf einem Blech ausrollen und etwas gehen lassen. Zwiebeln am Abend vorher schälen, in Würfel schneiden und einsalzen, ca. 1 Stunde ziehen lassen, in Öl dämpfen, etwas von dem Zwiebelwasser abgießen und für den Guss nehmen. Den Speck in Würfel schneiden. Aus Milch, Grieß und Salz einen nicht zu festen Grießbrei kochen. Grießbrei auf dem ausgerollten Teig verteilen, Zwiebeln auf den Grießbrei geben und die Speckwürfel darüber streuen, etwas Kümmel darauf streuen. Für den Guss alle Zutaten kräftig miteinander verschlagen. Den Guss über den Zwiebelbelag geben. Kuchen backen.

Backzeit: 60 Minuten bei 180 °C

Schmeckt gut zu Bier und Wein und ist für mich das beste Zwiebelkuchenrezept.

Speckkuchen

von Familie Hofmann, Kleinkochberg

750 g Brotteig (vom Bäcker)
600 g Räucherspeck
3 mittelgroße Zwiebeln
etwas Kümmel
Salz, Pfeffer

GUSS:
3 Eier
1/4 - 1/2 l saure Sahne
etwas Salz
2 EL Mehl

Den Brotteig auf ein Blech ausrollen und 20 Minuten gehen lassen. Speck in Würfel schneiden und in der Pfanne glasig braten (nicht bräunen). Speck aus der Pfanne nehmen und im Speckfett die gewürfelten Zwiebeln anbraten. Speck auf den Teig verteilen, die Zwiebeln darüber geben, Salz, Kümmel und Pfeffer darauf streuen.
Für den Guss die Eier, Sahne und das Mehl verrühren, etwas salzen und über den Kuchen gießen und dann backen.

Backzeit: ca. 60 Minuten bei 180-190 °C

Speckkuchen sollte gleich warm oder wieder aufgewärmt gegessen werden.

Thüringer Speck- oder Brotkuchen

Originalrezept von Erika Schröter

FÜR EIN HERDBLECH:
750-800 g Roggenbrotteig vom Bäcker
0,33 l Wasser
2-3 EL Mehl, etwas Salz
600 g Speck
etwas Pfeffer und Kümmel

GUSS:
1/4 l saure Sahne
3 Eier
2-3 EL Mehl
etwas Salz

Brotteig auf einem Blech ausrollen und gehen lassen. Aus Wasser, Mehl und etwas Salz einen Mehlbrei kochen und auf den Teig streichen. Speck würfeln und auf den Mehlbrei streuen, etwas Kümmel, Salz und Pfeffer darüber streuen.
Für den Guss saure Sahne, Eier und Mehl verschlagen, etwas Salz zufügen und die Masse über den Speck gießen. Backen.

Backzeit: 60 Minuten bei 180-190 °C

Den Kuchen warm oder wieder aufgewärmt verzehren.

Thüringer Huckel- oder Prophetenkuchen I

von Ururgroßmutter Lina Key, Blankenhain

FÜR EIN HERDBLECH:

5 Eier
5 EL Rum
5 EL Butter
1 EL Sahne
1 EL Zucker
200 g Mehl, ca. 5 EL, soviel es annimmt

Butter zerlassen, mit Eiern, Rum, Zucker und Sahne gut verrühren, Mehl dazugeben. Teig muss zähflüssig sein, er soll sich gut streichen lassen.
Teig auf ein gebuttertes Blech ausstreichen und über Nacht stehen lassen. Am nächsten Tag im gut vorgeheizten Ofen backen. Den noch warmen Kuchen mit zerlassener Butter zweimal bestreichen und mit Zucker und Vanillezucker bestreuen.

Backzeit: 5-10 Minuten bei 190-200 °C

Thüringer Spezialität

Prophetenkuchen II

von Uroma Lotte Key, Blankenhain

FÜR EIN HERDBLECH:

75-100 g Butter oder Margarine (zerlassen)
3-4 EL Rum
4 Eier
2-3 EL Zucker
200 g Mehl (ca. 5 EL)

Eier und Zucker kräftig schlagen, bis die Masse sich verdoppelt. Rum, zerlassene Butter und Mehl dazugeben, etwas mehr oder weniger. Teig darf nicht zu fest sein, sondern zähflüssig, damit er sich gut auf ein Blech streichen lässt. Auf ein gebuttertes Blech streichen und bei großer Hitze (Backofen gut vorheizen) backen.

Nach dem Backen, den Kuchen zweimal mit zerlassener Butter (ca. 150 g) bestreichen und mit Zucker, Puderzucker und Vanillezucker bestreuen. Der Kuchen muss viele Huckel haben.

Backzeit: 5-10 Minuten bei 190-200 °C

Thüringer Prophetenkuchen III

aus Tannroda

FÜR EIN HERDBLECH:

8 Eigelb
8 EL Öl
8 EL Rum oder Weinbrand
8 EL Mehl (vielleicht etwas mehr)
1 Prise Salz

Eigelb, Öl, Rum und Mehl gut zu einem Rührteig rühren, Teig darf nicht zu fest sein, sondern zähflüssig.
Blech gut einölen oder buttern. Den Teig auf ein Blech streichen und im vorgeheizten Backofen backen. Zwischendurch den Ofen nicht öffnen, weil sonst die Huckel zusammenfallen. Nach dem Backen den heißen Kuchen zweimal mit zerlassener Butter bestreichen und mit Zucker und Vanillezucker bestreuen.

Backzeit: 5-10 Minuten bei 190-200 °C

Prophetenkuchen IV

von Lissi Ludwig, Blankenhain

Für ein Herdblech:
6 Eier
6 EL Zucker
8 EL Rum
6 EL zerlassene Butter
200 g Mehl

Zum Bestreichen:
125 g Butter
reichlich Zucker und Vanillezucker

Aus den Zutaten einen zähflüssigen, nicht zu festen Teig bereiten, der sich gut auf ein gefettetes Herdblech streichen lässt. Backen. Die Butter zerlassen und den noch heißen Kuchen damit bestreichen und gut mit Zucker und Vanillezucker bestreuen.

Backzeit: Bei gut vorgeheiztem Ofen 10 Minuten bei 190-200 °C.

Der Kuchen muss viele Hügel haben, je mehr, desto besser – so viele wie der Thüringer Wald.

Thüringer Hirschhornkuchen

Schokoladen- oder weißer Kuchen
von Martha Luge, Tannroda

FÜR EIN HERDBLECH:
500-600 g Mehl
200 g Zucker
250 g Butter oder Margarine
3 Eier
1/4 l saure Sahne
1 TL Hirschhornsalz
1 TL Backpulver
3 EL Rum und Zitronensaft
1 Päckchen Vanillezucker
etwas abgeriebene Zitronenschale
für Schokoladenkuchen 2-3 EL Kakao

Eier, Zucker und Butter verrühren, Sahne zugeben, dann Mehl und Hirschhornsalz in etwas Rum auflösen und die anderen Zutaten zugeben. Gut 20 Minuten rühren. Für Schokoladenkuchen jetzt den Kakao zugeben. Für weißen Kuchen Zitronenschale und -saft zugeben. Den Teig auf ein Blech streichen und backen.

Backzeit: 30 Minuten bei 180 °C

Auf den Kuchen einen Zuckerguss aus Puderzucker und Wasser geben, auf weißen Kuchen Schokoguss, auf dunklen Kuchen weißen Guss. Bunte Streusel darauf streuen.

Hirschhornkuchen

von Lissi Ludwig, Blankenhain

FÜR EIN HERDBLECH:
250 g Margarine
250 g Zucker
etwas Öl, 4 Eier
1 Päckchen Vanillezucker
abgeriebene Schale und Saft einer Zitrone
1 Tasse Milch oder saure Sahne
500 g Mehl
1 TL Hirschhornsalz

SCHOKOGUSS:
150 g Puderzucker
3 EL Rum oder Wasser
ca. 20 g flüssiges Palmin
1 EL Kakao

Eier, Zucker und Margarine verrühren, Mehl zugeben, dann Zitronenschale, Saft, Milch und den Vanillezucker. Hirschhornsalz in etwas Wasser auflösen und unterrühren. 20 Minuten in der Küchenmaschine rühren. Teig auf ein gut gefettetes Blech streichen und backen. Die Zutaten für den Schokoguss miteinander verrühren und den abgekühlten Kuchen damit bestreichen. Mit bunten Streuseln bestreuen.

Backzeit: 30 Minuten bei 170-180 °C

Guss für Hirschhornkuchen

für Schokoladenkuchen

FÜR EIN HERDBLECH:
150 g Puderzucker
etwas Rum oder Wasser (ca. 3 EL)
etwas flüssiges Kokosfett

Alles gut verrühren und auf den Kuchen streichen, bunte Kuchenstreusel darüber streuen.

Guss für Hirschhornkuchen

150 g Puderzucker
ca. 3 EL Rum oder Wasser
ca. 20 g flüssiges Kokosfett
1 EL Kakao
bunte Kuchenstreusel

Die Zutaten gut verrühren, auf den Kuchen streichen und mit bunten Streuseln bestreuen.

Auf einen weißen Guss
kann man auch Schokostreusel streuen.

Ein solcher Kuchen durfte früher auf keiner Kirmes fehlen.

Schokoladenkuchen

von Martha Schröter, Tannroda

Für ein Herdblech:

250 g Margarine
200 g Zucker
3 Eier
1/8 l saure Sahne oder Milch
abgeriebene Zitronenschale oder Zitroback
3-4 EL Kakao
1/2 Flasche Bittermandelaroma
1 TL Hirschhornsalz (20 g)
450-500 g Mehl
1 TL Backpulver

Eier, Zucker und Margarine kräftig rühren, Sahne oder Milch zugeben, etwas Mehl und die anderen Zutaten dazurühren. Kakao, das in Rum aufgelöste Hirschhornsalz und den Rest Mehl dazugeben. Teig nicht zu fest machen, auf ein Kuchenblech streichen und backen.

Backzeit: 25-30 Minuten bei 170-180 °C

Auf den gebackenen Kuchen Zuckerguss streichen
und mit Kuchenstreuseln bestreuen.

Erfurter Schokoladenkuchen

von Helga Weihe, Erfurt

250 g Margarine
2 Tassen Zucker
4 Eier
3 Tassen Mehl
50 g Kakao
1 Tasse lauwarmes Wasser
1 Päckchen Backpulver

Aus den Zutaten in der Küchenmaschine einen Rührkuchenteig herstellen und in eine gut gebutterte und mit Semmelbröseln ausgestreute Kasten- oder Rührkuchenform füllen und backen. Kuchen abkühlen lassen, stürzen und mit Puderzucker bestäuben.

Backzeit: 60 Minuten bei 180-190 °C

Schweizerkuchen

Rezept von Lissi Ludwig, Blankenhain

BELAG:

250 g geriebene Mandeln
200 g Zucker
100 g Butter oder Margarine
3 Eier
1 Becher saure Sahne
3/4 Glas Marmelade
3/4 Päckchen Backpulver

GUSS:

2 Eier
4 EL feiner Zucker (keinen Puderzucker)
3 EL Rum oder Wasser
125 g Palmin (Hartfett)
1 1/2 EL Kakao

Einen Mürbteig (siehe S. 70) bereiten und auf einem Backblech ausrollen.
Zutaten für den Belag zu einer cremigen Masse verrühren und auf den Mürbteig streichen. Auf den erkalteten Kuchen Schokoladenguss geben.

Backzeit: 25-30 Minuten bei 170-180 °C

Thüringer Kartoffelkuchen

FÜR EIN HERDBLECH:
500 g gekochte durchgedrückte Kartoffeln
250 g Mehl
125 g Zucker
125 g Butter
1 Ei
30 g Hefe
ca. 50 ml Milch

Butter und Zucker zum Bestreuen

Aus Mehl, Zucker, Butter, Ei und der in Milch aufgelösten Hefe einen Hefeteig bereiten. Die noch etwas warmen, durchgedrückten Kartoffeln in den Teig einarbeiten. Den Teig gleichmäßig auf ein Backblech verteilen und gehen lassen. Mit reichlich zerlassener Butter bestreichen und mit Zucker bestreuen. Man kann auch Nüsse oder Mandeln nehmen.

Backzeit: 30 Minuten bei 170 °C

Den Kuchen möglichst warm verzehren,
weil er so am besten schmeckt.

Erfurter Buttermilchkuchen

von Helga Weihe, Erfurt

TEIG:

3 Tassen Zucker
2 Tassen Buttermilch
4 Tassen Mehl
3 Eier
1 Päckchen Vanillezucker
1 Päckchen Backpulver

BELAG:

150 g Butter
1 1/2 Tassen Zucker
1 1/2 Tassen Kokosraspeln oder Haferflocken

Alle Zutaten für den Teig verrühren und auf ein Backblech geben, goldgelb backen. Butter flüssig werden lassen, dann die übrigen Zutaten einrühren, die Masse auf den gebackenen Kuchen streichen und anschließend nochmals 10-15 Minuten backen. Den abgekühlten Kuchen mit Puderzucker bestreuen.

Backzeit: 10-15 Minuten bei 160-170 °C

Buttermilchkuchen

von Familie Pfeifer, Rottdorf

FÜR EIN HERDBLECH:

2 Tassen Zucker
2 Tassen Buttermilch
3 Eier
1 1/2 EL Öl
4 Tassen Mehl
1 Päckchen Backpulver
1 Tasse Kokosraspeln
1/2 Stück Butter

Aus den Zutaten ohne die Kokosraspeln einen Rührkuchenteig bereiten (mit einem Mixer oder der Küchenmaschine) und auf ein gefettetes Blech streichen.
Kokosraspeln und 1 Tasse Wasser mischen und auf dem Teig verteilen. Backen. Auf den noch heißen Kuchen 1/2 Stück zerlassene Butter gießen.

Backzeit: 30-40 Minuten bei 170-180 °C

Marzipankuchen

aus Tannroda

FÜR EIN HERDBLECH:
TEIG:
250 g Zucker
250 g Butter oder Margarine, 5 Eier
1 Päckchen Backpulver
ca. 450-500 g Mehl
MARZIPAN-BELAG:
12 EL Grieß, 250 g Zucker
2 Päckchen Puddingpulver Vanillegeschmack
4 Eier, 150 g Butter oder Margarine
1/2 Flasche Bittermandelaroma
SCHOKOLADENGUSS:
je 2 EL Milch, Puderzucker und Kakao
125 g flüssiges Palmin, 1 Ei

Aus den Teigzutaten in der Küchenmaschine einen Mürbteig bereiten und auf einem gefetteten Backblech ausrollen. Für den Belag die Butter zergehen lassen, Zucker, Grieß und Eier unterrühren, dann Puddingpulver unterrühren und zuletzt das Bittermandelaroma. Masse auf den Teig streichen und backen. Nach dem Backen sofort eine Tasse kochende Milch über den heißen Kuchen gießen. Die Zutaten für den Guss in der angegebenen Reihenfolge verrühren und nach dem Erkalten über den Kuchen streichen.

Backzeit: 30-40 Minuten bei 170-180 °C

Thüringer Marzipankuchen

von Familie Edwin Schröter, Tannroda

TEIG:
250 g Margarine
180 g Zucker
4-5 Eigelb
2 EL Rum
1/2 Päckchen Backpulver
450-500 g Mehl

BELAG:
250 g Butter
150 g Mandeln
220 g Zucker
120 g Grieß
1 Fläschchen Bittermandelaroma
4-5 Eiweiß (zu Schnee geschlagen)
3 EL Rum oder Weinbrand

Aus den Zutaten einen Mürbteig bereiten und auf einem Backblech ausrollen. Für den Belag die Butter zerlassen, Zucker und Mandeln unterrühren, den Grieß, Aroma und Rum zugeben. Zuletzt den Eischnee unterheben. Masse auf den Teig streichen und backen. Nach dem Backen mit Schokoladenguss bestreichen.

Backzeit: 30-40 Minuten bei 170-180 °C

Marzipankuchen mit Schokoguss

von Martha Luge, Tannroda

BELAG:
300 g Zucker
5 Eier (trennen, Eiweiß schlagen, zuletzt zugeben)
12 EL Grieß, 200 g Butter
1 Päckchen Mandelpudding
1 Fläschchen Bittermandelaroma
3 EL Rum

SCHOKOLADENGUSS:
250 g Puderzucker, etwas Kakao
ca. 3-4 EL Palmin
1 Ei

Mürbteig (siehe S. 73) bereiten und auf einem Blech ausrollen. Butter zergehen lassen, mit Zucker und Eiern gut verrühren. Die übrigen Zutaten dazugeben. Zuletzt Eiweiß schlagen und unter die Masse heben, auf den Teig streichen. Backen. Nach dem Backen den Kuchen mit dem aus den angegebenen Zutaten gerührten Schokoladenguss bestreichen.

Backzeit: 30-40 Minuten bei 170-180 °C

Man kann nach dem Backen den heißen Kuchen mit Milch oder Sahne begießen.

Russischer Kuchen

von Dagmar Salzmann

Teig:

400 g Mehl
200 g Zucker
250 g Margarine
50 g Kakao
3 Eier
1 Päckchen Backpulver

Belag:

1 Päckchen Vanillepudding
1 Päckchen Vanillezucker
500 g Quark
250 g Zucker
250 g Butter
3 Eier
abgeriebene Zitronenschale

Aus den Zutaten einen Streuselteig kneten. Den Teig teilen, die Hälfte als Boden in eine Springform zupfen, die andere Hälfte aufheben. Nach Packungsanweisung einen Pudding kochen, mit den übrigen Zutaten für den Belag verrühren. Die Masse auf den Boden streichen. Nun den übrigen Teig über den Kuchen streuseln und backen.

Backzeit: 30-40 Minuten bei 160-180 °C

Papageienkuchen

Rezept aus Tannroda

4 Eier, 150 g Zucker
1/4 l saure Sahne
300 g Mehl, 1 Päckchen Backpulver
300 g Margarine
1 Packung Rote Grütze
1 Packung Vanillesoßenpulver
2 EL Kakao

Eier mit Zucker schlagen, Sahne dazugeben, Mehl mit Backpulver vermischen und unterrühren. Margarine zergehen lassen und nach und nach unter die Masse rühren. Teig in 3 Teile teilen, den ersten Teil mit roter Grütze mischen, den zweiten Teil mit Vanillesoßenpulver, den dritten Teil mit 2 EL Kakao.
Teig löffelweise im Wechsel auf ein gefettetes Blech geben und backen. Nach dem Backen mit Zitronenguss überziehen.

Backzeit: ca. 25 Minuten bei 160-170 °C.

ZUTATEN FÜR ZITRONENGUSS:
150 g Puderzucker , 2 EL Zitronensaft
1 EL zerlassenes Kokosfett
ODER DEN GUSS HERSTELLEN AUS:
200 g Puderzucker
4 EL Zitronensaft, 1 EL heißes Wasser

Eisenbahner-Kuchen

von Lissi Ludwig, Blankenhain

BELAG:

200 g Zwieback in Rum getränkt, (zerbröseln)
7 Eigelb
160 g Zucker
100 g Butter oder Margarine
50 g Mehl
1/2 Päckchen Backpulver
2 EL Kakao
7 Eiweiß zu Schnee schlagen

Einen guten Mürbteig (z.B. nach Rezept S. 70) bereiten und auf ein gefettetes Backblech ausrollen.
Alle Zutaten für den Belag zu einer Masse verrühren, Eischnee unterheben, die Masse auf den Mürbteig streichen und backen.

Backzeit: 30 Minuten bei 170-180 °C

Den erkalteten Kuchen mit Puderzucker bestreuen.

Kaffeekuchen aus Mürbteig

von Martha Luge, Tannroda

TEIG:

125 g Margarine oder Butter
3 kleine Eier
3 EL Zucker
400-500 g Mehl
1/2 Päckchen Backpulver
1 Päckchen Vanillezucker

BELAG:

250 g Margarine oder Butter
1 Ei, 125 g Zucker
125 g Gustin oder Mondamin
1 TL Backpulver
1 EL Kakao
3 EL Rum
1 Päckchen Vanillezucker
1/2 Fläschchen Bittermandelaroma

Aus den Teigzutaten einen guten Mürbteig bereiten und auf einem gefetteten Backblech ausrollen. Alle Zutaten für den Belag gut rühren, auf den Mürbteig streichen und backen.

Backzeit: 30 Minuten bei 170-180 °C.

Nach dem Backen Schokoladenguss auf den Kuchen geben.

Schwedischer Kümmelkuchen

Rezept von Dagmar Salzmann, Hamburg
geb. Böber aus Blankenhain

4 Eier (trennen)
250 g Butter
250 g Puderzucker
300 g Mehl
40 g Korinthen
1 EL Kümmel
3 EL Weinbrand
Fett und Paniermehl für die Form

Fett und Puderzucker, bis auf einen Esslöffel zum Bestreuen, schaumig schlagen. Eigelb nach und nach dazugeben. Korinthen waschen, trockentupfen und mit etwas Mehl über die Zucker-Fettmischung geben, gut verrühren. Eiweiß steif schlagen, mit Korinthen, Kümmel und Weinbrand unterheben.
Kastenform einfetten, mit Paniermehl ausstreuen und den Teig einfüllen. Backen.

Backzeit: 60 Minuten bei 175-180 °C

Mit Puderzucker bestreuen.

Zuckerkuchen

Altes Bauernrezept

FÜR EIN HERDBLECH:
125 g Butter
1/2 Tasse Milch
3 Eier
1 Würfel Hefe
50 g Zucker
1 Zitrone, Saft und Schale
400-500 g Mehl

BELAG:
125 g zerlassene Butter
50 g Zucker
50 g Grieß,
50 g gemahlene Mandeln

Einen nicht zu festen Teig bereiten, auf einem Backblech ausrollen und eine Stunde gehen lassen. Auf den ausgerollten Teig die zerlassene Butter streichen, mit Zucker, Grieß und gemahlenen Mandeln bestreuen, zuletzt nochmals mit zerlassener Butter übergießen und backen.

Backzeit: 30-40 Minuten bei 160-180 °C

Apfelkuchen

TEIG:

500 g Mehl, 100 g Zucker
80 g Margarine, 1 Prise Salz, 1 Päckchen Vanillezucker
abgeriebene Zitronenschale
1/8 l Milch, 30 g Hefe

BELAG:

1/2 l Milch, 5 EL Zucker
1 Päckchen Puddingpulver Vanillegeschmack
2 kg Äpfel, 100 g Rosinen
1/4 l saure Sahne
2 Eier, Zucker

Aus den Teigzutaten einen Hefeteig bereiten, auf ein gefettetes Blech ausrollen und gehen lassen. Aus Milch, Zucker und Puddingpulver einen Pudding kochen, einen Teil davon dünn auf den Teig streichen. Die geschälten Äpfel vom Kernhaus befreien und Schnitze schneiden, dicht auf den Teig legen und Rosinen darauf streuen. Den Rest Pudding mit der sauren Sahne und den Eiern verrühren, über die Äpfel gießen und etwas Zimt darauf streuen.

Backzeit: 35-40 Minuten bei 180-200 °C

Nach dem Backen den noch heißen Kuchen mit Zuckerwasser begießen. Als Belag kann man auch Johannisbeeren, Stachelbeeren oder Pflaumen verwenden.

Thüringer Zwetschgenkuchen

von Familie Schröter, Tannroda

TEIG:

500 g Mehl, 200 g Margarine
200 g Zucker, 2 Eier (wenn groß, nur 1 Ei)
1 Päckchen Trockenhefe oder 1/2 Würfel Hefe
1 Prise Salz, 1 Päckchen Vanillezucker
1 EL Rum, 1/8 l Milch
1 kg Zwetschgen

GUSS:

2 EL Zucker, 1 Ei, 1 Prise Salz
1/4 l saure Sahne, 4-5 EL Mehl

Zucker, Butter, Eier und Milch in der Küchenmaschine rühren. Hefe, Mehl und die anderen Zutaten dazugeben. Alles zu einem Teig verkneten, aus der Maschine nehmen, mit der Hand gut durchkneten und auf ein gut gefettetes Blech ausrollen. 1/2 bis 1 Stunde an einem warmen Ort gehen lassen.
Dann den Teig dicht mit entsteinten Zwetschgen belegen, mit Zimt und Vanillezucker bestreuen. Aus den angegebenen Zutaten den Guss herstellen und die Zwetschgen damit begießen. Den Kuchen backen.
Man kann auf die Zwetschgen auch etwas Öl gießen.

Backzeit: 50-60 Minuten bei 160-170 °C

Nach dem Backen auf den warmen Kuchen reichlich Zucker streuen.

Sehr guter

Zwetschgenkuchen mit Mandeln

Rezept aus Thüringen

TEIG:

250 g Magerquark
1 Zitroback oder abgeriebene Zitronenschale
10 EL Milch
125 g Zucker
1 Päckchen Vanillezucker
500 g Mehl
1 1/2 Päckchen Backpulver
Zitronenaroma
Butter für das Backblech

BELAG:

1,5 kg Zwetschgen
3 EL Zucker

GUSS:

4 Eier
100 g Zucker
80 g Mehl
1 Päckchen Vanillezucker
100 g gehobelte Mandeln

Zubereitung Teig:

Quark, Milch, Öl, Zucker, Vanillezucker, Zitronenschale und Aroma in der Küchenmaschine verrühren. Mehl und Backpulver mischen, dazugeben und mit Knethaken zu einem Teig verarbeiten. Blech einfetten und Teig darauf ausrollen.

Zubereitung Belag:

Die Zwetschgen waschen, zur Hälfte aufschneiden, Steine entfernen und auf den ausgerollten Teig legen. Mit dem Zucker bestreuen.

Zubereitung Guss:

Für den Guss die Eier trennen. Eiweiß zu Schnee schlagen, Zucker und Vanillezucker langsam unterrühren. Eigelb und das Mehl dazugeben. Guss gleichmäßig über die Zwetschgen streichen und mit gehobelten Mandeln bestreuen und backen.

Backzeit: ca. 30 Minuten bei 170-190 °C

Tannrodaer Schlemmerkuchen

von Martha Luge, Tannroda

BODENTEIG:

250 g Butter, 250 g Zucker
250 g Mehl, 1/2 Päckchen Backpulver
4 Eier
1 Päckchen Vanillezucker

Aus den Zutaten einen Teig bereiten, auf ein Backblech geben und backen.

Backzeit: 30 Minuten bei 170-180 °C

BELAG:

125 g Butter, 125 g Zucker
125 g Palmin, 1 Ei
4-5 EL Schnaps oder Rum
125 g Rosinen
100 g gemahlene Nüsse
100 g gemahlene Mandeln
75 g Kakao

Aus den Zutaten den Belag bereiten, gut verrühren und auf den gebackenen Kuchen schön aufstreichen, dann einen Schokoladenguss darauf geben.

Schokoladenguss: siehe „Marzipankuchen" S. 103.

Kaffeekuchen

von Martha Luge, Tannroda

200 g Zucker, 150 g Butter
250 g geriebene Mandeln
125 g Rosinen
250 g Mehl, 5 Eier
1 Handvoll gemahlener Kaffee
1/8 l saure Sahne
1 Päckchen Vanillezucker
1 Päckchen Backpulver

Aus den Zutaten einen Teig bereiten, in 2 Hälften teilen und auf gefettetem Blech backen.

Backzeit: 30 Minuten bei 170-180 °C

FÜLLUNG:

250 g Puderzucker, 3 EL Kakao
3-4 EL Sahne
125 g Butter
1 EL gemahlener Kaffee

Alle Zutaten für die Füllung gut verrühren. Nach dem Backen auf den einen Boden die Füllung streichen, den anderen Boden darauf legen und mit Zucker oder Schokoladenguss bestreichen.

Sauerrahm-Streuselkuchen

von Martha Luge, Tannroda

TEIG:

500 g Mehl
90 g Zucker
1/2 TL Salz
abgeriebene Zitronenschale
1 Päckchen Vanillezucker
140 g Butter
1 Würfel Hefe oder Trockenhefe
1/8 l warme Milch

STREUSEL:

250 g Butter oder Margarine
200 g Zucker
350 g Mehl, etwas Salz
2 Päckchen Vanillezucker
1/2 TL Backpulver, etwas Rum

Aus den Zutaten einen Hefeteig bereiten und gut gehen lassen. Teig auf ein Kuchenblech ausrollen, mit einer Gabel einstechen und nochmals gehen lassen. Inzwischen Streusel zubereiten, auf den Kuchen streuen und backen. Kuchen aus dem Backofen nehmen und sofort einen Becher saure Sahne darauf gießen und nochmals ca. 5-8 Minuten backen. Wenn der Kuchen erkaltet ist, mit Puderzucker bestreuen.

Backzeit: 20 Minuten bei 180-190 °C

Streuselkuchen

Rezept aus Tannroda

TEIG:

400-500 g Mehl
1 Würfel Hefe oder Trockenhefe
80 g Zucker, 1/8 l Milch
abgeriebene Zitronenschale oder Zitroback
90 g Butter

STREUSEL:

250 g Butter, 150 g Zucker
etwas Zitronenschale oder Zitroback, 1/2 TL Zimt
100 g geriebene Mandeln
200-300 g Mehl

Vom Mehl 250 g, dazu Milch, Zucker, weiche Butter, Salz und Zitronenschale in die Küchenmaschine geben und alles mit der zerbröckelten Hefe kräftig rühren. Rest Mehl zugeben und mit dem Knethaken rühren, bis es ein trockener Teig ist, der sich von der Schüssel löst. Teig ausrollen, auf ein gefettetes Blech geben und 30 Minuten an einem warmen Ort gehen lassen.
Inzwischen für die Streusel die Butter zerlassen und in der Küchenmaschine mit den übrigen Zutaten zu Streuseln verarbeiten. Teig auf dem Blech mit Butter einpinseln, Streusel darauf geben und backen.
Nach dem Backen auf den warmen Kuchen Vanillezucker streuen.

Backzeit: 25-30 Minuten bei 170-180 °C

Streuselkuchen mit Sahne

von Annemarie Köhler, Rottdorf

TEIG:

4 Eier
250 g Zucker
250 g Mehl
1 TL Backpulver
1 Becher süße Sahne (für den gebackenen Kuchen)

STREUSEL:

250 g Butter
250 g Zucker
400 g Mehl
1 Päckchen Vanillezucker

Aus den Zutaten einen Rührteig bereiten, der sich gut streichen lässt, und auf ein gefettetes Blech geben.
Streusel zubereiten und auf den Teig streuen.

Backzeit: 25-30 Minuten bei 170-180 °C

Über den warmen Kuchen sofort einen Becher süße Sahne gießen und mit Puderzucker bestreuen.

Stachelbeer- oder Kirschkuchen

von Erika Schröter, München

TEIG:

125 g Margarine, 100 g Zucker, 350 g Mehl
1/2 Päckchen Backpulver, 2 Eier, 1 Päckchen Vanillezucker
1 Zitroback, 1 Prise Salz

BELAG:

1 l Milch, 2 Päckchen Vanillepudding
1 Päckchen Vanillezucker
1 Päckchen Vanilleback oder Aroma
125 g Butter, 6 EL Zucker, 1 Prise Salz, 3 Eier
ca. 1-1 1/2 kg Stachelbeeren oder entsteinte Kirschen

Aus den Zutaten einen Mürbteig bereiten und auf einem gefetteten Blech ausrollen. Für den Belag von 1 Liter Milch, Puddingpulver, Zucker und Salz Pudding kochen. Die Butter in dünnen Scheiben in den heißen Pudding rühren, 1 Ei und 1 Eigelb dazugeben. 2/3 dieser Masse auf den ausgerollten Teig streichen, dann die Stachelbeeren oder Kirschen darauf verteilen.
In das Drittel Rest-Pudding 1 Eigelb und 2 zu Schnee geschlagene Eiweiß unterrühren, diese Masse als Decke auf die Früchte verteilen.

Backzeit: ca. 60 Minuten –
erst 30 Minuten bei 180 °C, dann 30 Minuten bei 160 °C

Statt frischer Früchte können auch eingeweckte verwendet werden.

Nusskuchen aus Mürbteig

von Martha Luge, Tannroda

TEIG:

125 g Butter
3 Eigelb
3 EL Zucker
1 Päckchen Vanillezucker
1/2 Päckchen Backpulver
ca. 350-450 g Mehl

BELAG:

250 g geriebene Nüsse
100 g Zucker
1 Päckchen Vanillezucker
6-7 Zwiebäcke reiben
125 g Butter
3 Eier

Aus den Teigzutaten in der Küchenmaschine mit den Knethaken einen Mürbteig rühren, auf einem Backblech ausrollen. Für den Belag die Eier trennen. Eiweiß aufheben, Eigelb mit allen anderen Zutaten gut verrühren. Die Eiweiß schlagen und den Schnee unter die Belagmasse ziehen, auf den Mürbteig streichen und backen.

Backzeit: 30-40 Minuten bei 170-180 °C.

Nach dem Backen Schokoladenguss darauf geben.

Hefe-Nusskuchen

von Lissi Ludwig, Blankenhain

HEFETEIG:

500 g Mehl
1 Würfel Hefe oder Trockenhefe
150 g Zucker
250 g Margarine
1 Ei
knapp 1/4 l Milch
etwas Salz

Butter, Zucker und Ei in der Küchenmaschine rühren, Milch und Hefe zugeben, etwas Salz und das Mehl unterrühren. Teig kneten und 1/2 Stunde gehen lassen. Teig nochmals kneten, auf einem Blech ausrollen und 1/4 Stunde gehen lassen. Mit einer Gabel den Teig einstechen.

BELAG:

250 g grob gehackte Nüsse (Walnüsse)
125 g Butter

Alles verrühren und auf den Kuchen geben.

Backzeit: 30 Minuten bei 170-180 °C

Nach dem Backen 125 g zerlassene Butter und 1 Becher saure Sahne auf den heißen Kuchen träufeln, dann mit Puderzucker bestreuen.

Mandelsplitterkuchen

von Martha Luge, Tannroda

Einen Biskuitteig von 4 oder 5 Eiern bereiten, auf ein Backblech streichen und backen.

Backzeit: 10-15 Minuten bei 150-160 °C

BELAG:

250 g Butter
125 g Palmin
150 g Puderzucker
200 g Mandelsplitter
200 g Sultaninen (über Nacht mit 4 EL Rum ziehen lassen)

Butter und Zucker schaumig rühren. Palmin zergehen lassen; wenn es wieder fest wird, unter die Butter und Zuckermasse rühren, dann Mandeln und Sultaninen dazugeben.

Die Creme auf den gebackenen Kuchen streichen, Schokoladenguss und bunte Streusel darüber geben.

Bienenstich

von Lissi Ludwig, Blankenhain

TEIG:

3 Eier
125 g Butter oder Margarine
125 g Zucker
1/2 Tasse Milch
300 g Mehl
1/2 Päckchen Backpulver

Aus den Zutaten einen Teig bereiten, 1/2 Stunde im Kühlschrank ruhen lassen, dann auf ein Blech ausrollen.

BELAG:

250 g Mandeln
250 g Butter
250 g Zucker
1 Päckchen Vanillezucker
4 EL Milch
4 kleine Eier

Butter und Zucker kurz kochen, abkühlen lassen, Mandeln dazugeben, Vanillezucker und Milch, Eier (von 2 Eiern Schnee schlagen) unter die Masse heben. Masse auf den Teig streichen und backen.

Backzeit: 25-30 Minuten bei 170 °C

Thüringer Mohnkuchen I

von Käthe Hofmann, Kleinkochberg

TEIG:

450 g Mehl
100 g Zucker
150 g Margarine
1 Prise Salz
abgeriebene Zitronenschale
1/8 l Milch
1 Würfel Hefe oder Trockenhefe

Aus den Zutaten einen Hefeteig bereiten, gehen lassen, auf dem Blech ausrollen und nochmals gehen lassen.

MOHNBELAG:

350 g gemahlener Mohn
150 g Grieß
1 l Milch
1/2 l Wasser
150 g Butter
2 Eier
50 g Rosinen
2 EL Puddingpulver Vanille
120 g Zucker
1/2 Tasse Öl
5 EL Rum
1 Fläschchen Bittermandelaroma

Wasser, Milch, Zucker und Grieß zu einem Brei kochen, Mohn dazugeben, kurz rühren und vom Ofen nehmen. Die anderen Zutaten dazugeben und unter Rühren abkühlen lassen. Belag auf den Teig streichen und Guss (Decke) darüber gießen.

GUSS (DECKE):

1/8 l saure Sahne
2 Eier
3 EL Zucker
4 gehäufte EL Mehl
1/2 TL Backpulver

Alle Zutaten verrühren und auf den Belag gießen, dann backen.

Backzeit: 40-50 Minuten bei 180-190 °C

Thüringer Mohnkuchen-Belag

von Lissi Ludwig, Blankenhain

Aus ca. 400-500 g Mehl einen Hefeteig bereiten (siehe Mohnkuchen aus Kleinkochberg, S. 124).

Für ein Herdblech:

350 g gemahlener Mohn
1 Päckchen Puddingpulver
150 g Grieß, 200 g Zucker, 100 g Butter
1 1/2 l Milch, 3 Eier
etwas Rum und Zitronensaft, gehackte Mandeln
Rosinen, evtl.1-2 geriebene Äpfel

Milch kochen, Mohn, Puddingpulver, Grieß und Zucker mischen und in die Milch rühren. 1/4 Stunde abkühlen lassen, dann Butter dazugeben und gut rühren. Die Masse auf den Teigboden streichen.

Decke:

1/8 l Milch, 1 Päckchen Puddingpulver
125 g Butter, 100 g Zucker
2 Eigelb
2 Eischnee

Milch kochen, Pudding einrühren, Butter, Zucker, Eigelb dazugeben und Eischnee unterrühren. Alles auf den Mohnbrei geben und backen.

Backzeit: 40-50 Minuten bei 180-190 °C

Thüringer Mohnkuchen II

von Annemarie Köhler, Rottdorf

TEIG:

1 Ei, 125 g Butter
125 g Zucker, 1 TL Backpulver
350-400 g Mehl

Aus den Zutaten einen Mürbteig bereiten und auf ein Backblech ausrollen.

BELAG:

3/4 l Milch
3-4 EL Grieß
250 g gemahlener Mohn
150 g Zucker
1 Ei und 2 Eigelb
etwas Rum und Zitrone
50 g Rosinen, etwas Öl

Milch kochen, Grieß einrühren, Brei muss sehr dünn sein, Mohn dazugeben und ziehen lassen, dann Zucker und die Eier zugeben, auf den Teig streichen und backen.

Backzeit: 30-45 Minuten bei 170-180 °C

2 Eiweiß schlagen und als Decke auf den Kuchen geben, die letzten 10 Minuten mitbacken.

Thüringer Mohnkuchen III

von Ingrid Pehn, Bachstedt

MOHNBELAG FÜR EIN BLECH:

1/2 l Wasser
1/2 l Milch
200 g Zucker
1 Prise Salz
1 gehäufte kleine Tasse Grieß
250 g gemahlener Mohn
200 g Butter
1 Ei
2-3 Tropfen Bittermandelöl
1 Handvoll Rosinen oder gehackte Mandeln

Einen Hefeteig bereiten und dünn auf einem Herdblech ausrollen. Aus Wasser, Milch, Grieß, Zucker und Salz einen nicht zu dünnen Brei kochen, dann den Mohn dazugeben und nochmals aufkochen. Wenn der Brei etwas abgekühlt ist, Butter, Ei, Bittermandelöl und Rosinen darunter rühren und auf den Teig streichen und den Guss oder Decke bereiten.

Guss (Decke):

1/8 l Milch oder saure Sahne
3 EL Zucker
4 gehäufte EL Mehl
1/2 TL Backpulver oder Natron
2 Eier

Milch oder Sahne mit Zucker und Mehl kräftig schlagen, das Backpulver oder Natron dazugeben, Eier trennen und Eigelb darunter schlagen. Eiweiß zu Schnee schlagen und zuletzt darunter ziehen, den Guss auf den Mohnbelag gießen und breit streichen.

Backzeit: ca. 40-45 Minuten bei 190-200 °C

Auf den noch warmen Kuchen kann man mit einem Löffel Zuckerwasser geben.

Englischer Mohnkuchen

von Martha Luge, Tannroda

4 Eier
250 g gemahlener Mohn
250 g Zucker
250 g Butter
1/4 l saure Sahne
1 Päckchen Backpulver
150 g Mehl

Eier und Zucker schaumig rühren, dann Sahne und Butter dazugeben. Alles kräftig rühren, Backpulver mit Mehl und Mohn mischen und unterrühren. Auf ein Blech oder in eine Form geben und backen.

Backzeit: 30-45 Minuten bei 170-180 °C

Wenn der Kuchen nach dem Backen kalt ist,
mit Buttercreme bestreichen und Schokoladenguss darauf geben.
Man kann in den Mohn auch geriebene Mandeln geben.

Kalte Kräppel (nach Fritsch)

Rezept nach Lissi Ludwig, Blankenhain

TEIG I:

6 EL Rum
1 1/2 EL saurer Rahm
1 EL Zucker
3 Eigelb
Mehl, was es annimmt für Knetteig

Rum mit etwas Mehl verrühren, die Zutaten dazugeben und alles zu einem Teig verarbeiten, auf einem Backbrett ausrollen.

TEIG II:

250 g Butter (muss kalt sein)
200-250 g Mehl

Butter und Mehl rasch zu einem Teig verkneten und auf den ausgerollten Teig 1 verteilen. Beide Teige nach allen Seiten zusammenschlagen, wieder ausrollen, zusammenschlagen, das 4 mal wiederholen.
Teig ca. 1/2 cm dick ausrollen, mit einem Teigrädchen kleine Rechtecke ausrädeln und auf gut gebuttertem Blech backen.

Backzeit: 15-20 Minuten bei 180-190 °C

Nach dem Backen mit Hagelzucker bestreuen.

Thüringer Mürbteig-Kräppel (Krapfen)

von Erika Schröter

250 g Margarine
200 g Zucker
1 Prise Salz
2 Eier
1/8 l Milch oder saure Sahne
1 Päckchen Vanillezucker
1 Päckchen Backpulver
2 EL Rum
ca. 600 g Mehl

Aus den Zutaten einen Mürbteig kneten und 1/2 cm dick ausrollen. Mit dem Teigrädchen oder Messer Rechtecke rädeln oder schneiden. Die Rechtecke in siedendem Fett ausbacken und sofort in Zucker und Vanillezucker wälzen.

Die Kräppel kann man auch aus einem Hefeteig bereiten.

Thüringer Hefeteig-Kräppel

Faschingskrapfen von Erika Schröter

ca. 600 g Mehl
1/4 l warme Milch
250 g Butter oder Margarine, 2 Eier
1 TL Backpulver, 200 g Zucker
abgeriebene Zitronenschale oder Zitroback
1 Päckchen Vanillezucker
3 EL Rum oder Weinbrand
1 Würfel Hefe oder Trockenhefe

Hefe, Milch und 1 Esslöffel Zucker in die Rührschüssel der Küchenmaschine geben, kurz rühren und an einem warmen Ort 10 Minuten gehen lassen. Restlichen Zucker, Eier, Zitrone, Salz und Vanillezucker mit der Hefemilch verrühren, Butter und das Mehl dazugeben, alles gut verkneten, 45 Minuten ruhen lassen, bis der Teig gut gegangen ist. Teig nochmals kräftig kneten und auf bemehltem Brett 1/2 cm dick ausrollen. Mit einem Teelöffel Marmeladehäufchen verteilen und Teig darüber klappen, mit rundem Glas ausstechen und nochmals 30 Minuten gehen lassen.
In der Friteuse in Fett ausbacken, dann sofort mit Puderzucker oder Zucker bestreuen.

Backzeit: 20-25 Minuten bei 160-170 °C

Man kann die Kräppel auch mit Mus füllen und im Backofen backen.

Mamorkuchen „Erika“

Rezept von Erika Schröter
Zutaten für 2 Kastenformen oder 1 Rührkuchenform

250 g weiche Butter
250 g Zucker
2 Päckchen Bourbon Vanillezucker
1 Päckchen Backpulver
4 Eier
350 g Mehl
150 g Mondamin
1 Prise Salz
1/4 Tasse Milch
2 EL Kakao
4 cl Rum

Butter, Zucker und Salz schaumig rühren, Vanillezucker und die Eier unterrühren. Mehl mit Mondamin und Backpulver mischen und in die Schaummasse rühren. Milch und Rum zugeben und alles gut verrühren. Form gut einfetten und mit Brösel ausstreuen.
2/3 vom Teig in die Form füllen. Den restlichen Teig mit dem Kakao mischen und zu dem hellen Teig in die Form geben und mit einer Gabel leicht mischen.

Backzeit: Im gut vorgeheizten Ofen 60 Minuten bei 170-180 °C

Abgekühlten Kuchen aus der Form stürzen und mit Puderzucker bestäuben.
Oder den Kuchen mit Schokoladenkuvertüre überziehen.

Mandel-Rührkuchen „Helenenkuchen“

Altes Rezept

250 g ungeschält geriebene Mandeln
250 g Margarine oder Butter
8 Eigelb
250 g Zucker
abgeriebene Zitronenschale (Zitroback)
1 Päckchen Bourbon Vanillezucker
1/2 Päckchen Backpulver
250 g Mehl
3-5 Tropfen Bittermandelaroma
8 Eiweiß, 2 EL Rum

In der Küchenmaschine Butter, 8 Eigelb und den Zucker schaumig rühren, Vanillezucker, Zitronenschale, Bittermandelaroma dazugeben. Backpulver mit Mehl vermischen und die Mandeln dazurühren. Zuletzt zieht man den steifen Eiweißschnee darunter.
Den Teig in eine gut mit Butter ausgestrichene Form geben. Man kann die Form auch noch mit Semmelbrösel ausstreuen.

Backzeit: ca. 60 Minuten bei 170-190 °C im gut vorgeheizten Backofen

Kuchen die letzten 20 Minuten mit Alufolie abdecken
und im Ofen abkühlen lassen!
Wenn erkaltet, mit Puderzucker bestreuen.

Magdalenen-Kuchen

Sehr altes Rezept

250 g Zucker
6 Eier
250 g Mehl
abgeriebene Zitronenschale
250 g Margarine oder Butter
2 EL Rum

Zucker und Eier in der Küchenmaschine 10 Minuten schaumig rühren, sehr weiche Butter dazugeben und nach und nach das Mehl und den Rum. Alles gut durchrühren.
Dann gibt man den Teig in eine gut gefettete und mit Brösel ausgestreute Kastenform und bäckt den Kuchen bei mäßiger Hitze.

Backzeit: 60 Minuten bei 170-180 °C

Rührkuchen

Rezept aus Tannroda

250 g Butter
6 Eier
2 Tassen Zucker
2 Tassen Milch
5 Tassen Mehl
2 Päckchen Vanillezucker
1 Prise Salz
abgeriebene Zitronenschale
1 Päckchen Backpulver

Sehr weiche Butter, Zucker und Eier in der Maschine kräftig rühren. Mehl und die anderen Zutaten zugeben und gut rühren. Teig in eine gut gebutterte und mit Brösel bestreute Form füllen.

Backzeit: 60 Minuten bei 180 °C im gut vorgeheizten Backofen

Garprobe mit Holzstäbchen machen,
evtl. Kuchen mit Pergamentpapier bedecken,
damit er nicht zu dunkel wird.

Schröters Sandkuchen mit Mandeln

Rezept aus Tannroda

FÜR EINE KASTENFORM 28 CM LANG:

4 Eier
1 Prise Salz
250 g Zucker
250 g Butter
100 g gemahlene Mandeln
200 g Mehl
100 g Mondamin oder Kartoffelmehl

Eier trennen und die Eiweiße mit Salz zu einem sehr steifen Schnee schlagen und kühl stellen, am besten in den Kühlschrank.
In der Küchenmaschine weiche Butter und Zucker schaumig rühren, langsam das Eigelb unterrühren. Dann die Mandeln und das mit Mondamin gemischte Mehl langsam unterrühren, zuletzt den Eischnee unterheben.
Form ausfetten und mit Mandeln ausstreuen, Teig in die Form füllen und backen.

Backzeit: 60 Minuten bei 180-190 °C im gut vorgeheizten Backofen

Kuchen abkühlen lassen, stürzen und mit Puderzucker bestreuen.

Sandkuchen

von Großmutter Schröter, Tannroda

FÜR EINE SPRINGFORM:

250 g Butter oder Margarine
240 g Zucker
1 Prise Salz
5 Eigelb
200 g Kartoffelmehl
6 gehäufte EL Mehl
5 EL Rum
20 g Hirschhornsalz
1 Zitroback oder abgeriebene Schale einer Zitrone
5 Eiweiß

Butter in der Küchenmaschine kräftig zu Creme rühren, den Zucker zugeben und schaumig rühren, Eigelb und das Kartoffelmehl langsam unterrühren. Hirschhornsalz in Rum auflösen und dazugeben, ebenso das Zitroback. Das Eiweiß mit dem Salz zu sehr steifem Schnee schlagen und unter die Masse heben.
Die Form mit Butter einfetten und mit Semmelbrösel bestreuen.
Teig in die Form füllen und backen.

Backzeit: 60-80 Minuten bei 180-190 °C im gut vorgeheizten Ofen

Kuchen evtl. die letzten 20 Minuten mit Alufolie bedecken und im Ofen abkühlen lassen!

Erfurter Schneewittchenkuchen

von Helga Weihe, Erfurt

TEIG:

300 g Mehl, 200 g Margarine, 100 g Zucker
3 Eier, 1/2 Päckchen Backpulver
1 kg Sauerkirschen (entsteinte) oder 2 Gläser Sauerkirschen

Aus den Zutaten in der Küchenmaschine einen Teig bereiten und auf ein Backblech geben. Sauerkirschen auf einem Sieb ablaufen lassen und auf dem Teig verteilen.

Backzeit: 30-40 Minuten bei 160-170 °C

BUTTERCREME:

1 Päckchen Vanillepudding, 250 g Butter, 150 g Puderzucker

Vanillepudding kochen. Butter und Zucker schaumig rühren, mit dem erkalteten Pudding zur Creme aufschlagen und auf den gebackenen, erkalteten Boden streichen.

SCHOKOLADENGUSS:

6 EL Zucker, 6 EL Milch
200 g geschmolzenes Kokosfett, 3 EL Kakao, 1 Ei

Zucker und Milch aufkochen. Das geschmolzene Kokosfett einrühren, Kakao dazu und nach der Abkühlung Ei unterrühren und den Guss auf der Buttercreme verteilen.

Marlis' Kuchen

von Lissi Ludwig, Blankenhain

TEIG:

3 Eier
125 g Zucker
125 g Butter oder Margarine
300 g Mehl
1/2 Tasse Milch
1/2 Päckchen Backpulver

Aus den Zutaten einen Teig bereiten und auf ein Backblech geben. Belag darauf streichen.

BELAG:

250 g Butter oder Margarine
250 g Zucker
3 Eier
3 EL Kakao
3 EL Mehl
1/2 Päckchen Backpulver

Eine Masse aus den Zutaten bereiten und auf den Teig streichen und backen.

Backzeit: 25-30 Minuten bei 170-180 °C

Nach dem Backen Puderzucker auf den erkalteten Kuchen streuen.

Eierlikör-Apfeltorte

Rezept von Dagmar Salzmann, Hamburg
geb. Böber aus Blankenhain

TEIG:

250 g Mehl
100 g Butter
100 g Zucker, 1 Ei
1 TL Backpulver

Aus den Zutaten einen Mürbteig bereiten und in eine Springform mit 26 cm Ø drücken.

BELAG:

1/2 l Weißwein
1/2 l Apfelsaft
200 g Zucker, 1 Päckchen Vanillezucker
2 Päckchen Vanillepudding
1 kg säuerliche Äpfel

Äpfel schälen und fein schneiden. Auf den Mürbteigboden geben. Aus Wein, Saft, Zucker, Vanillezucker und Vanillepudding einen Pudding kochen. Lauwarm über die Äpfel geben und backen.

Backzeit: ca. 60 Minuten bei 180-200 °C

Vor dem Servieren 1/4 l Sahne schlagen. Auf die Torte streichen und mit Eierlikör überziehen.

Preiselbeertorte

Rezept von Dagmar Salzmann, Hamburg
geb. Böber aus Blankenhain

TEIG:

100 g Butter
100 g Zucker
65 g Kakao
100 g gemahlene Haselnüsse
50 g Mehl
3 Eigelb
3 Eiweiß
1 TL Backpulver

Aus den Zutaten einen Rührteig bereiten. Eiweiß schlagen und Schnee unterheben. Teig in eine Tortenform füllen und backen.

Backzeit: 20 Minuten bei 175-180 °C

BELAG:

1 Glas Preiselbeeren
1 Becher süße Sahne
100 g Schokoraspeln

Nach dem Abkühlen Preiselbeeren auf den Boden streichen. Die Sahne schlagen und mit Schokoraspeln bestreuen.

Die Torte macht wenig Arbeit und schmeckt gut.

Schwedische Apfeltorte

Rezept von Regina Crahmer, Wittenberg
geb. Key aus Blankenhain

BODEN:

2 Eier, 80 g Zucker, 100 g Margarine
100 g Mehl, 1 TL Backpulver

Aus den Zutaten einen Rührteig bereiten in eine Springform geben und backen.

Backzeit: 15 Minuten bei 175-180 °C

BELAG I:

8-10 Äpfel, 65 g Butter, 1 Tasse Zucker
1 Päckchen Vanillsoßenpulver, Saft von einer Zitrone, 2 Eier

Äpfel schälen und raspeln. Unter Rühren aufkochen, die Butter und Zucker dazugeben. Vanillesoßenpulver mit Zitronensaft anrühren und dazugeben. Zuletzt die verquirlten Eier unterrühren, nochmals kurz aufkochen lassen. Nach Erkalten auf den Boden geben.

BELAG II:

1/4 l süße Sahne
Raspelschokolade zum Verzieren

Sahne schlagen. Auf die Apfelmasse streichen und Raspelschokolade aufstreichen.

Biskuitteig mit Erdbeercreme

von Martha Luge, Tannroda

TEIG:

4 große Eier wiegen
genauso viel Zucker
genauso viel Mehl
1 Päckchen Backpulver
1 Päckchen Vanillezucker

Alles gut verrühren und auf ein Backblech streichen.

Backzeit: 15-20 Minuten bei 170-180 °C

ERDBEERCREME:

1/2 l Erdbeersaft
250 g Butter
1 Päckchen Erdbeerpudding
100 g Palmin
Erdbeeren, eingefroren oder eingeweckt

Aus Erdbeersaft und Puddingpulver einen Pudding kochen, Butter und Palmin darunter geben und zu einer Creme rühren, die abgetropften Erdbeeren unter die Creme heben.
Die fertige Creme auf den gebackenen Biskuit- oder auch Mürbteig streichen. Ist die Creme fest, dann obenauf Schokoladenguss streichen.

Thüringer Quark-Kirschkuchen

Sehr gutes Rezept

TEIG:

400 g Mehl
1/2 Päckchen Backpulver
150 g Margarine
200 g Zucker
1 Päckchen Vanillezucker
2 Eier

Aus den Teigzutaten einen Mürbteig bereiten und auf ein gefettetes Backblech ausrollen, mit einer Gabel den Teig einstechen.

1. Backzeit: 15-20 Minuten bei 180-190 °C

QUARKMASSE:

500 g Quark
1 Ei (wenn klein, 2 Eier)
150 g Zucker
1 Päckchen Vanillepuddingpulver
Saft von einer Zitrone

Quark mit Ei, Puddingpulver, Zucker und Zitronensaft verrühren. Den Kuchen etwas abkühlen lassen, dann mit der Quarkmasse bestreichen und noch einmal backen.

2. Backzeit: 15-20 Minuten bei 180-190 °C

Belag:

2 Gläser Sauerkirschen
2 Päckchen roter Tortenguss

Wenn der Kuchen 2 mal gebacken ist, abkühlen lassen. Sauerkirschen in einem Sieb abtropfen lassen, Saft auffangen. Kirschen auf dem Kuchen verteilen. Tortenguss mit 1/2 l Kirschsaft nach Vorschrift kochen, rasch über die Kirschen gießen und erkalten lassen.

Biskuitrolle oder -kuchen

von Martha Schröter, Tannroda

5 Eier, 250 g Zucker
250 g Mehl, 1 Päckchen Backpulver
2 TL Rum, 1 Päckchen Vanillezucker

Aus den Zutaten einen Teig rühren und auf ein oder zwei mit Backpapier belegte Backbleche streichen.

Backzeit: 15-20 Minuten bei 180-190 °C

Nach dem Backen den Kuchen am Papier anfassen, umdrehen und abziehen.

Der Kuchen kann als Biskuitrolle, als Torte, Cremeschnitte oder als mit Creme gefüllter Kuchen verarbeitet werden.

„Amerikaner“

von Wolfgang Schröter, München

150 g Butter oder Margarine
150 g Zucker
1 Päckchen Vanillezucker
5 EL Milch
3 Eier
1 Prise Salz
1 Päckchen Vanille-Puddingpulver
375 g Mehl
2 TL Backpulver

Butter, Zucker und Eier in der Küchenmaschine schaumig rühren, Milch, Salz, Vanille-Puddingpulver zugeben. Dann das Mehl mit Backpulver unterrühren, es muss ein Teig sein, der sich mit einem Löffel auf ein Backblech setzen lässt. Backblech einfetten, mit einem Esslöffel Häufchen auf ein Blech setzen und backen.

Backzeit: 25-30 Minuten bei 170-180 °C

Nach dem Backen erkalten lassen, dann Unterseite mit Zuckerguss einstreichen.

ZUCKERGUSS:

Puderzucker
1 EL Rum
1-2 EL Zitronensaft

Windbeutel

Rezept aus Tannroda

1/4 l Wasser
125 g Mehl
4 Eier
125 g Butter
1 Prise Salz
abgeriebene Zitronenschale
1 Becher Schlagsahne
Puderzucker zum Bestreuen

Wasser, Butter und Salz zusammen aufkochen, das Mehl langsam hineinrühren, bis es einen Kloß gibt. Die Masse etwas abkühlen lassen und die Eier unterrühren. Mit einem Löffel walnussgroße Kugeln auf ein gut gebuttertes Backblech setzen und bei mäßiger Hitze backen.

Backzeit: ca. 10-20 Minuten bei 160-170 °C

Nach dem Backen erkalten lassen und aufschneiden. Die Windbeutel mit Schlagsahne füllen und mit Puderzucker bestreuen.

Mandelkuchen mit Stachelbeeren

von Annemarie Döbrich, Blankenhain

BODEN:

100 g Zucker, 100 g Butter
150 g Mehl, 4 Eigelb, 1/2 TL Backpulver

Aus den Zutaten einen Teig kneten, in zwei gleiche Stücke teilen und nacheinander in einer Springform backen.

Backzeit: 20-25 Minuten bei 170-180 °C

BELAG I:

200 g Zucker, 4 Eiweiß
1 Prise Salz, 200 g geraspelte Mandeln

Eiweiß und Salz zu steifem Schnee schlagen und Zucker darunter schlagen. Auf beide Böden verteilen und die Mandeln darauf streuen.

BELAG II:

2 Becher süße Sahne, 1 Päckchen Vanillezucker
2 EL Puderzucker
2 Päckchen Sahnesteif
1 Glas abgetropfte Stachelbeeren

Schnee schlagen, Stachelbeeren darunter rühren, auf den gebackenen Boden in der Springform verteilen. Den 2. gebackenen Boden in gleiche Tortenstücke schneiden und als Decke auf die Sahnefüllung drücken.

Thüringer Apfelkuchen mit Zimt

von Annemarie Döbrich, Blankenhain

750 g Äpfel
125 g weiche Butter oder Margarine
125 g + 3 EL Zucker
185 g Mehl
3 TL Zimt
1 Päckchen Vanillezucker
2 Eier
2 EL Sahne
1 1/2 TL Backpulver

Äpfel schälen, achteln, entkernen und mit 1 Teelöffel Zimt bestreuen. Für den Teig Butter, Zucker, Vanillezucker, Eier und Sahne in der Küchenmaschine gut rühren. Backpulver und Mehl mischen, dazugeben und alles gut verrühren. Teig in eine Springform füllen und mit den Apfelstücken belegen.
Den Kuchen auf der Mittelschiene im vorgewärmten Ofen backen.

Backzeit: 30-35 Minuten bei 180-190 °C

Nach dem Backen 2 Teelöffel Zimt mit 3 Esslöffeln Zucker mischen und darüber streuen.

Aprikosenkuchen mit Guss und Streusel

Rezept aus Tannroda

Teig für ein Herdblech:

500 g Mehl
1 Würfel Hefe (40 g)
1/4 l Milch
100 g Zucker
125 g Margarine
1 Prise Salz
abgeriebene Zitronenschale
1 Päckchen Vanillezucker

Aus den Zutaten einen Hefeteig bereiten und an einem warmen Ort 30 Minuten gehen lassen. Den Teig auf einem gefetteten Backblech ausrollen und einen Rand hochdrücken, mit einer Gabel in den Teig stechen und nochmals gehen lassen.

Belag:

2 kg Aprikosen
1/4 l saure Sahne oder Milch
4 Eier
200 g Zucker
etwas abgeriebene Zitronenschale

Für den Belag die Aprikosen waschen und entsteinen, halbieren und dicht auf den Teig legen. Aus Eiern, Sahne und Zucker eine schaumige Masse schlagen und über die Aprikosen gießen.

STREUSEL:
200 g Mehl
100 g Butter oder Margarine
1 TL Zimt
50 g Zucker

Aus den Zutaten Streusel bereiten und auf den Guss bröseln.

Backzeit: 40 Minuten bei 180-190 °C

Aprikosentorte

von Wolfgang Schröter, München

MÜRBTEIG:

380 g Mehl, 125 g Zucker, 175 g Butter
1 Ei und 1 Eigelb, 1 TL Backpulver, 1 Prise Salz
1 Päckchen Vanillezucker, 3 EL Rum, 3 EL gehackte Mandeln

Butter, Zucker und Eier in der Küchenmaschine rühren, Mehl und die Zutaten dazugeben und einen Mürbteig kneten. Ca. 30 Minuten im Kühlschrank ruhen lassen, dann in eine Springform drücken.

BELAG:

500 g Quark, 2 Eier
3 EL saure Sahne, 1 Päckchen Vanillezucker
Saft und Schale einer Zitrone, 1/2 Päckchen Vanillepuddingpulver
1 kg Aprikosen oder Aprikosen aus der Dose
8 EL Aprikosenmarmelade

Quark, Sahne, Eier, Zucker und Puddingpulver in der Maschine rühren, Vanillezucker und Zitrone zugeben. 4 Esslöffel Aprikosenmarmelade, 2 Esslöffel Rum im Mixer schlagen und auf den Teig streichen. Quark darauf geben, dann die Aprikosen (aus der Dose auf einem Sieb abgetropft) darauf. 4 Esslöffel Aprikosenmarmelade, 1 Ei und 2 Esslöffel Rum im Mixer schlagen und über die Früchte gießen, darauf gehackte Mandeln streuen. Backen.

Backzeit: 60 Minuten bei 170-180 °C

Zitronenkuchen I

von Lissi Ludwig, Blankenhain

TEIG:

4 Eier
125 g Butter
200 g Zucker
125 g Margarine
300 g Mehl
Saft und Schale von 1 Zitrone
1 Päckchen Backpulver

In der Küchenmaschine Butter, Margarine und Zucker schaumig rühren, Eier, Zitronensaft und Schale dazugeben, Backpulver mit Mehl mischen und langsam unterrühren. Teig auf ein Backblech geben und backen.

Backzeit: 30 Minuten bei 170-180 °C

GUSS:

6 EL Puderzucker
Zitronensaft von 1 1/2 Zitronen
125 g Hartfett (zerlassen)

Nach dem Backen den noch heißen Kuchen mit einer Gabel einstechen und gleich den Guss darüber streichen.

Zitronenkuchen II

von Erika Schröter

FÜR EINE SPRINGFORM:
125 g Butter
125 g Margarine
von 1/2 Zitrone Saft und abgeriebene Schale
3 Eier
250 g Zucker
250 g Mehl
1/2 Päckchen Backpulver

Die Butter und Margarine schmelzen, mit dem Saft der Zitrone, Eiern und dem Zucker schaumig rühren. Nach und nach das mit dem Backpulver gesiebte Mehl dazugeben und die abgeriebene Zitronenschale. Alles zu einem glatten Teig rühren, in eine gut gefettete Springform gießen und backen.

Backzeit: ca. 50-60 Minuten bei 160-170 °C

ZITRONENGUSS:
3 Esslöffel Puderzucker mit dem Saft von 2 1/2 Zitronen verrühren. In den gebackenen noch heißen Kuchen mit einer Gabel tiefe Löcher einstechen und den Zitronenguss hineingießen. Mit dem restlichen Guss die Kuchenoberfläche bestreichen.

Erfurter Zitronentorte

von Helga Weihe, Erfurt

BISKUITBODEN:

200 g Zucker
100 g Mehl
100 g Kartoffelmehl
4 Eier
2 TL Backpulver

Eier und Zucker schaumig rühren, dann das Mehl, Kartoffelmehl und Backpulver vermischt zugeben. Teig in eine Springform geben und backen.

Backzeit: ca. 40 Minuten bei 170-180 °C

CREME:

1 Tasse Wasser
1/2 Tasse Zucker
1 Zitrone (Saft und abgeriebene Schale)
125 g Butter
2 TL Kartoffelmehl

Alles gut verrühren und aufkochen lassen, Tortenboden mit der noch warmen Creme füllen. Torte mit Schokoladenguss (siehe Rezept S. 93 oder S. 140) bestreichen.

Versunkener Kirschkuchen

von Familie Pfeifer, Rottdorf

FÜR EINE SPRINGFORM:

5 Eigelb
5 Eiweiß
180 g Zucker
80 g Butter
180 g Mehl
1/2 Päckchen Backpulver
300 g Kirschen

Aus den Zutaten einen Teig rühren, anschließend die 5 Eiweiß steif schlagen und dem Teig unterziehen. Teig in eine Springform füllen. Auf dem Teig die entsteinten Kirschen verteilen.

Backzeit: 50-60 Minuten bei 180 °C

Anschließend mit Puderzucker bestreuen.

Man kann auch statt der Kirschen Rhabarberstücke, Stachelbeeren, Johannisbeeren oder Himbeeren verwenden.

Kirschkuchen

von Charlotte Key, Blankenhain

FÜR EINE SPRINGFORM:

200 g Zucker
200 g Mehl
6 Eier
100 g geriebene Mandeln
1 TL Zimt
600 g entsteinte, süße Kirschen

Eigelb und Zucker in der Küchenmaschine schaumig rühren, Mandeln, Mehl mit Zimt mischen und dazurühren. Eiweiß zu Schnee schlagen und vorsichtig unterheben, die Kirschen unterheben, in eine gut gebutterte Springform füllen und backen.

Backzeit: 60 Minuten bei 180-190 °C

Rhabarbertorte I

von Else Birk, Luckenbach

TEIG FÜR EINE SPRINGFORM:

80 g Butter
75 g Zucker
3 Eidotter
200 g Mehl
etwas Backpulver

Aus den Zutaten einen Mürbteig bereiten und in eine Springform geben.

BELAG:

6 bis 8 Stangen Rhabarber schälen, in Stücke schneiden und auf den Teig legen, mit etwas Zucker bestreuen.

Backzeit: 15-20 Minuten bei 160-170 °C

Dann 3 Eiweiß schlagen, mit 175 g Zucker verschlagen, auf den Kuchen streichen und nochmals 10 Minuten backen.

Rhabarbertorte II

von Wolfgang Schröter, München

TEIG FÜR EINE SPRINGFORM:

180 g Mehl
70 g Zucker, 100 g Butter
1 Messerspitze Zimt
1 Prise Salz, 1 Ei

Aus den Zutaten einen Mürbteig bereiten und eine Springform damit auslegen.

BELAG:

1 kg Rhabarber, 5 EL Zucker
abgeriebene Zitronenschale
5 Eiweiß, 150 g Puderzucker
100 g geriebene Mandeln

Rhabarber waschen und schälen, in Stücke schneiden, auf den Teigboden legen, mit Zitronenschale und Zucker bestreuen, Eiweiß zu Schnee schlagen, Puderzucker und geriebene Mandeln unterheben und die Masse auf den Rhabarber streichen.

Backzeit: 50-60 Minuten bei 175-180 °C im auf 175 °C vorgeheizten Backofen

Nach dem Backen kann man den Kuchen mit Schlagsahne verzieren.

Käsekuchen mit Kirschen und Mohn

Teig für eine Springform:

250 g Mehl
125 g Butter
60 g Zucker
1 EL Rum
1 Prise Salz
1 Ei

Aus den Zutaten in der Küchenmaschine mit dem Knethaken einen Mürbteig bereiten. Im Kühlschrank 1/2 Stunde ruhen lassen. Den Teig in eine Springform drücken und einen Rand formen.

Mohnbelag:

200 g gemahlener Mohn
100 g Zucker
50 g Margarine
100 ml Milch
1 EL Rum

Mohn mit Zucker, Margarine und Milch in einen Topf geben, aufkochen, vom Herd nehmen und ca. 20 Minuten quellen lassen.

Quarkmasse:

125 g Butter
125 g Zucker
2 Eier
500 g Quark
1 Päckchen Vanillepudding
Zitronensaft und abgeriebene Schale einer Zitrone
1 Glas Sauerkirschen (in einem Sieb abtropfen lassen)

Butter und Zucker schaumig rühren, Eier hinzufügen, Quark, Vanillepuddingpulver und Zitrone unterrühren.
Auf den Teig die Mohnmasse geben, dann darauf die Kirschen verteilen und alles mit der Quarkmasse bedecken, glatt streichen und backen.

Backzeit: ca. 60 Minuten bei 170-180 °C

Nach dem Backen mit Puderzucker bestäuben.

Omas Käsekuchen

Altes Rezept

Teig für eine Springform (26 cm Ø):

250 g Mehl, 125 g Zucker, 1 Päckchen Vanillezucker
1/2 Päckchen Backpulver
1 Eigelb, 4 EL Zitronensaft, 125 g Margarine

Mehl, Vanillezucker, Zucker, Margarine und Backpulver in der Küchenmaschine mischen, Eigelb und Zitronensaft zugeben und alles zu Streuseln verkneten. Die Hälfte von den Streuseln in eine gefettete Springform drücken, evtl. Form mit Semmelbrösel ausstreuen.

Quark:

5 Eier (trennen), 125 g Butter, 1 Päckchen Vanillezucker
200 g Zucker, 5 EL Zitronensaft, 750 g Magerquark
3 EL Grieß oder 1 Päckchen Vanillepuddingpulver

Quark, Zitronensaft, Eigelb und Grieß in der Maschine schaumig rühren. Zucker zugeben und kräftig rühren. Eiweiß zu Schnee schlagen und unter die Masse heben. Quarkmasse auf den Teigboden streichen und die vom restlichen Teig behaltenen Streusel auf den Quarkkuchen streuen. Man kann auch einige Rosinen unter die Quarkmasse geben.

Backzeit: 50 Minuten bei 170-180 °C
Nach 45 Minuten Kuchen mit Pergamentpapier abdecken.

Wenn der Kuchen erkaltet ist, mit Puderzucker bestäuben.

Quarktorte mit Schokostreusel

von Familie Pfeifer, Rottdorf

Boden und Streusel für eine Springform:

125 g Butter, 125 g Zucker
200 g Mehl
2 EL Kakao, 1 Eigelb
1/2 Päckchen Backpulver

Aus den Zutaten einen Teig bereiten, 2/3 davon in eine Springform als Boden drücken.

Belag:

750 g Quark
125 g geschmolzene Margarine
200 g Zucker, 1 Päckchen Vanillezucker, 2 EL Grieß
Saft und abgeriebene Schale einer Zitrone
4 Eigelb

Alles zu einer Masse verrühren, zum Schluss die 4 Eiweiß steif schlagen und langsam unter die Masse heben.
Diese Quarkmasse in die Springform geben und nun das übrig gebliebene Drittel vom Teig als Streusel auf die Quarkmasse krümmeln.
Darauf evtl. noch ein paar Mandelsplitter streuen.

Backzeit: ca. 60 Minuten bei 180-190 °C

Zum Ende der Backzeit evtl. mit Pergamentpapier abdecken.

Quarktorte ohne Boden I

von Martha Luge, Tannroda

3 Eier (trennen)
250 g Zucker
150 g Butter
2 EL Grieß
1 EL Kartoffelmehl
1 kg Quark
abgeriebene Zitronenschale und Saft
125 g Rosinen
1 Päckchen Vanillezucker
1 Päckchen Backpulver

Eier trennen, Eigelb mit Zucker und Butter in der Küchenmaschine schaumig rühren. Zitronenschale, Saft, Grieß und das mit Backpulver vermischte Kartoffelmehl dazugeben und alles gut vermengen. Quark durch ein Haarsieb streichen und löffelweise unter den Teig geben. Eiweiß zu Schnee schlagen und vorsichtig unter die Masse heben.
In eine Springform füllen und backen.

Backzeit: 40-45 Minuten bei 170-180 °C

Quarktorte ohne Boden II

von Familie Schröter, Tannroda

1,5 kg Quark
6 Eier (trennen)
250 g Zucker
1 Zitrone (Saft und geriebene Schale)
1 EL Kartoffelmehl
1 EL Weizenmehl
Rosinen
ca. 60 g Butter
1 Päckchen Backpulver

Quark und Eigelb kräftig rühren, Butter flüssig machen und zugeben, dann das Mehl mit dem Backpulver dazugeben. Eiweiß zu Schnee schlagen und zuletzt unterrühren. Alles in eine Springform füllen und backen.

Backzeit: 50-60 Minuten bei 170-180 °C

Pflaumenmuskuchen

von Wolfgang Schröter

Einen guten Hefeteig bereiten, auf ein Herdblech ausrollen, mit der Gabel einstechen und 1/2 Stunde gehen lassen.

MUSBELAG:

800 g Pflaumenmus
4 EL Rum, etwas Sahne

Die Zutaten für den Musbelag miteinander verrühren und auf den Teig streichen.

DECKE:

1/8 l saure Sahne oder Milch
2 EL Zucker
4 gehäufte EL Mehl
1/2 TL Backpulver
2 Eier trennen und Schnee schlagen

Milch oder Sahne, Zucker und Mehl kräftig schlagen, Backpulver und Eigelb darunter rühren. Eiweiß zu Schnee schlagen und darunter ziehen, den Guss auf das Mus streichen und backen.

Backzeit: 30 Minuten bei 170-180 °C

Den fertigen Kuchen mit zerlassener Butter begießen und Puderzucker darüber streuen.

Muskuchen I

von Lissi Ludwig, Blankenhain

TEIG:

150 g Margarine, 150 g Zucker, 2 Eier
250-300 g Mehl, 1/2 Päckchen Backpulver

Aus den Zutaten einen Mürbteig bereiten und kühl stellen, ausrollen und auf ein gefettetes Backblech geben. Vom Teig etwas zurückbehalten, daraus Gitter schneiden.

BELAG:

150 g Margarine, 50 g Zucker
3 EL Mehl
3 EL saure Sahne
1 1/2 TL Backpulver
2 Gläser Zwetschgenmus (je Glas 500 g)
1/4 l Kondensmilch oder Sahne
100 g geriebene Mandeln
ca. 4 cl Rum

Margarine mit Zucker verrühren, saure Sahne zugeben, dann Mus und Kondensmilch, Mehl mit Backpulver mischen und mit den Mandeln dazurühren.
Rum zugeben, alles gut verrühren. Masse auf den ausgerollten Teig streichen und Teigstreifen als Gitter obenauf legen. Backen.

Backzeit: 20-25 Minuten bei 160-170 °C

Muskuchen II

von Lissi Ludwig, Blankenhain

Einen guten Mürbteig bereiten und auf einem gefetteten Blech ausrollen.

BELAG:

2 Gläser Zwetschgenmus (je Glas 500 g)
3 EL Marmelade
1 Päckchen Puddingpulver Vanillegeschmack
1/2 l Milch
1 Päckchen Vanillezucker
50 g geriebene Mandeln
1 TL gemahlener Kaffee
50 g Zucker, 2 EL Rum

Aus Milch und Puddingpulver einen Pudding kochen und erkalten lassen. Pudding öfters rühren, damit er cremig bleibt, dann Mus und die anderen Zutaten unterrühren.
Masse auf den Mürbteig streichen und backen.

Backzeit: 20-25 Minuten bei 160-170 °C

Kaffeekuchen

von Familie Fritz Key, Blankenhain

TEIG:

5 ganze Eier
1/2 l Milch
250 g Zucker
125 g Butter
1 Würfel Hefe
ca. 500 g Mehl, was es annimmt

Aus den Zutaten einen leichten Hefeteig machen, auf einem Backblech ausrollen, mit der Gabel mehrmals einstechen und gehen lassen.

BELAG:

200 g Butter
200 g gemahlene Mandeln
Zucker

Den Kuchenteig mit ca. 200 g Butter einstreichen und mit ca. 200 g gemahlenen Mandeln und viel Zucker bestreuen.

Backzeit: 25-30 Minuten bei 170-180 °C goldbraun backen

Eierlikörkuchen

von Lissi Ludwig, Blankenhain

TEIG:

4 Eier
200 g Zucker
200 g Margarine
250 g Mehl
1/4 l saure Sahne
50 g Kakao
1/2 Päckchen Backpulver

Alles zu einem Teig verarbeiten, auf ein Backblech geben und backen.

Backzeit: 20-30 Minuten bei 160-170 °C

BELAG:

250 g Butter
125 g Puderzucker
150 g Hartfett (zerlaufen und abgekühlt)
4 Eigelb
3 Likörgläser Eierlikör

Zutaten zu einer Creme verarbeiten, auf den gebackenen Boden streichen und geriebene Bitter-Schokolade darauf streuen.

Thüringer Obstkuchen

von Martha Schröter, Tannroda

TEIG FÜR EIN HERDBLECH:
500 g Mehl, 1/4 l Milch
1 Prise Salz, 100 g Butter
100 g Zucker
1 Würfel Hefe oder Trockenhefe

BELAG:
1 l Milch, 120 g Zucker
160 g Grieß
Obst (Johannisbeeren, Stachelbeeren, Äpfel usw.)

Aus den Teigzutaten einen Hefeteig bereiten. Für den Belag aus den Zutaten einen Grießbrei kochen und auf den ausgerollten Teig streichen. Mit Obst (Johannisbeeren, Stachelbeeren, Äpfeln usw.) belegen.

GUSS:
1/4 l saure Sahne
60 g Stärkemehl, 2 EL Zucker

Zutaten zusammen verrühren und über die Früchte gießen.

Backzeit: 60 Minuten, davon 30 Minuten bei 180 °C
und 30 Minuten bei 160 °C

Obstkuchen mit Grießbrei und Schmand

TEIG:

450-500 g Mehl
1 Würfel Hefe oder Trockenhefe
80 g Margarine
70 g Zucker
1/4 l lauwarme Milch
1 Prise Salz
1 Päckchen Zitroback
1 Ei

Margarine, Zucker, Milch und Ei mit etwas Mehl und Salz in der Küchenmaschine bei niedriger Stufe rühren. Hefe, Zitroback und das restliche Mehl langsam zugeben, mit dem Knethaken zu einem Teig kneten. Teig auf ein gefettetes Backblech ausrollen und ca. 1 Stunde an einem warmen Ort gehen lassen.

Belag (Griessbrei):

1 l Milch
2 Päckchen Vanillezucker
3 EL Zucker
1 Eigelb
50 g Grieß
Früchte

Milch, Zucker und Vanillezucker kochen. Grieß einrühren und etwas quellen lassen, dann das Eigelb unterrühren. Wenn der Grießbrei abgekühlt ist, auf den Teig aufstreichen und Früchte darauf legen.

Guss (Titsche):

2 Becher saure Sahne (Schmand)
1 EL Mondamin oder Kartoffelmehl
1 EL Zucker
2 Eier

Alle Zutaten kräftig schlagen, dass eine dicke Masse entsteht, auf die Früchte gießen und mit einem Löffel verstreichen. Den Kuchen backen. Als Früchte eignen sich Kirschen, Stachelbeeren, Rhabarber, Johannisbeeren und Äpfel.

Backzeit: 45-60 Minuten bei 180-200 °C

Quarkkuchen „Elsbeth“

von Lissi Ludwig, Blankenhain

FALSCHER HEFETEIG:

200 g Quark, 125 g Zucker, 6 EL Milch
8 EL Öl, 1 Prise Salz
400 g Mehl, 1 Päckchen Backpulver

Aus den Zutaten in der Küchenmaschine einen Teig kneten. Teig auf ein gefettetes Blech ausrollen und mehrmals mit einer Gabel einstechen.

BELAG:

1 kg Quark, 2-3 Eier, 2 EL Öl, etwas Kaffeesahne
50 g geriebene Mandeln, eine Handvoll Rosinen
1 Päckchen Puddingpulver Vanille, 150 g Zucker
1 Päckchen Vanillezucker

Aus den Zutaten in der Küchenmaschine eine cremige Masse rühren und auf den Teig streichen.

GUSS:

1 Becher saure Sahne
2 EL Zucker, 1 EL Mehl
1 EL Kartoffelmehl, 2 Eigelb
2 Eiweiß (zu Schnee schlagen)

Alle Zutaten verrühren und auf den Quark streichen. Backen.

Backzeit: 40-45 Minuten bei 180-190 °C

Rahmkuchen

TEIG FÜR EIN HERDBLECH:
350 g Mehl
20 g Hefe (1/2 Würfel oder Trockenhefe)
1 EL Zucker
1/8 l warme Milch
2 Eigelb, 1 Prise Salz
2 EL Butter

Etwas Mehl in die Küchenmaschine geben, Hefe zerbröckelt mit Zucker und Milch dazugeben und rühren, dann Eigelb, Salz und Butter und die restlichen Zutaten. Mehl unterrühren, einen Teig kneten und etwas aufgehen lassen. Den Teig ausrollen und auf das Blech geben. Mit einer Gabel einstechen und nochmals gehen lassen. Rundherum einen Rand drücken.

BELAG:
200 g Sahne
3 EL Milch und Wasser
3 Eigelb, 100 g Zucker
1 TL Zimt
50 g Mehl

Mehl mit Milch und Wasser rühren, dann Sahne, Eigelb, Zucker und Zimt zugeben und alles verquirlen. Den Belag auf den Kuchen geben und backen.

Backzeit: 25-30 Minuten bei 180-190 °C im gut vorgeheizten Backofen

Thüringer Quarkkuchen

Rezept aus Tannroda

TEIG FÜR EIN HERDBLECH:

400 g Mehl
250 g Zucker
200 g Butter
2 Eier
4 EL Milch
1 Päckchen Backpulver
1 Päckchen Vanillezucker

Aus den Zutaten in der Küchenmaschine einen Teig bereiten, ca. 1/2 Stunde im Kühlschrank ruhen lassen. Auf ein Backblech ausrollen, mit einer Gabel einstechen und nochmals ruhen lassen.

QUARKBELAG:

1 kg Quark
3-4 Eier (trennen)
250 g Zucker
125 g Margarine
Saft aus einer Zitrone
1 Päckchen Vanillepudding

Pudding kochen und abkühlen lassen, Quark mit Eigelben, Zucker, Margarine und Zitronensaft verrühren, dann den erkalteten Pudding darunter rühren.
Eiweiß mit 3 Esslöffel Zucker zu Schnee schlagen und dazugeben.

Backzeit: 40-45 Minuten bei 160-170 °C

Es kann auch bereits vor dem Backen ein Guss darauf gegeben werden.

Guss:

2 Eier (trennen)
3 EL Zucker
6 EL Wasser
4 EL Mehl

Alles verrühren, Eiweiß zu Schnee schlagen und dazugeben, alles über den Quark gießen und backen.

Mooskuchen

von Lissi Ludwig, Blankenhain

Für ein Backblech:

250 g Butter, 250 g Zucker
6 Eigelb, 250 g saure Sahne, 2 EL Kakao
300 g Mehl, 1 TL Backpulver

Butter in Stücke schneiden und in der Küchenmaschine mit Zucker und Eigelb schaumig rühren, langsam die Sahne unterrühren, den Kakao und das mit Mehl vermischte Backpulver zugeben. Teig muss zähflüssig sein.
Auf ein Backblech streichen und goldgelb backen.

Backzeit: ca. 30 Minuten bei 160-170 °C

Moosbelag:

125 g Palmin
6 Eiweiß, 1 Prise Salz
4 EL Puderzucker, 3 EL Kaffee (fein gemahlen)

Palmin bei leichter Hitze schmelzen und etwas abkühlen lassen. Eiweiß mit Salz zu Schnee schlagen, Puderzucker langsam dazugeben und das flüssige Palmin unterrühren. Die Masse auf den erkalteten Kuchen streichen und mit Kaffee bestreuen. Nach 20 Minuten färbt sich der Eischnee grün.

Man kann den Kuchen nach Belieben auch mit Kakao bestäuben.

Selterwasserkuchen

4 Eier
Saft von 1/2 Zitrone
1 Tasse Öl
2 Tassen Zucker
3 Tassen Mehl
1 Tasse Selterwasser (Mineralwasser)
3/4 Päckchen Backpulver

Aus den Zutaten in der Küchenmaschine einen Rührteig herstellen, auf ein Backblech geben und backen.

Backzeit: ca. 30 Minuten bei 160-170 °C

Nach dem Backen mit Schokoladenguss (siehe Rezept S.182) bestreichen.

Gefüllter Kuchen

Rezept aus Tannroda

TEIG:

375 g Margarine oder Butter (zergehen lassen)
375 g Zucker, 6 Eier, 1 Tasse Sahne oder Milch
1,5 kg Mehl, 2 Päckchen Backpulver

Aus den Zutaten einen Mürbteig bereiten, ausrollen und auf 2 Backbleche verteilen. Das erste Backblech mit Backpapier auslegen, den Teig darauf geben und backen. Den 2. Boden ohne Backpapier backen.

FÜLLUNG:

3 Päckchen Vanillepudding, 1 1/4 l Milch

Aus den Zutaten einen Pudding kochen, öfters rühren, damit sich keine Haut bildet und heiß auf den 2. Boden streichen. Den 1. Boden als Decke auf den Pudding legen und mit Schokoladenguss bestreichen.

SCHOKOLADENGUSS:

250 g Puderzucker, 2 EL Kakao
4 EL Palmin flüssig machen
evtl.1 Ei, 2-3 EL Rum

Aus den Zutaten einen Guss rühren und auf den Kuchen streichen.

Backzeit: 30 Minuten bei 170-180 °C

Tiefengrubener Kuchen

TEIG FÜR EIN BACKBLECH:
250 g Butter oder Margarine
4 Eier, 250 g Zucker
400-500 g Mehl
3 EL Milch
1 TL Vanillezucker
1 Päckchen Backpulver

Aus den Zutaten in der Küchenmaschine einen Mürbteig bereiten und auf ein gefettetes Blech ausrollen.

1. BELAG:

500 g Marmelade (alle Sorten außer Himbeermarmelade) auf den ausgerollten Teig streichen.

2. BELAG:

500 g Haferflocken, 250 g Butter und 250 g Zucker rösten und die Masse auf die Marmelade aufstreichen.

Backzeit: 30-40 Minuten bei 160-180 °C

GUSS:
125 g Palmin zerlassen
3 EL Zucker, 2 EL Kakao
2 Eier

Alles gut verrühren und auf den abgekühlten Kuchen streichen.

Fürst-Pückler-Kuchen

Rezept aus Tannroda

TEIG:

150 g Zucker, 150 g Margarine, 2 Eier
50 g geriebene Mandeln
ca. 250 g Mehl, 1/2 Päckchen Backpulver

Dickflüssigen Teig aus den Zutaten bereiten, auf ein eingefettetes Backblech streichen und backen.

Backzeit: 20-25 Minuten bei 150-160 °C

BUTTERCREME:

250 g Butter, 150 g Puderzucker, 3 Eier
100 g Zucker, 2 Götterspeisen, Rum, Butterkekse

Butter mit 150 g Puderzucker schaumig rühren, die Eier im Mixer mit 100 g Zucker schlagen, dann nach und nach unter die Butter rühren.
Kuchen nach dem Backen erkalten lassen, dann mit Buttercreme bestreichen. 2 Götterspeisen kochen, etwas erkalten lassen, aufpassen, dass sie nicht zu steif wird und auf die Buttercreme streichen. Darauf Kekse (etwas in Rum getaucht) legen.
Auf die Kekse einen Schokoladenguss streichen oder nur mit Puderzucker bestreuen.

SCHOKOLADENGUSS:

siehe Rezept Seite 182

Schwarzwälder Kuchen

Rezept aus Tannroda

130 g Butter
3 Eier
130 g Zucker
1/4 Tasse Milch
600 g Mehl
1/2 Päckchen Backpulver
1 Msp. Hirschhornsalz
1 Glas Sauerkirschen

Aus den Zutaten in der Küchenmaschine einen nicht zu festen Teig bereiten, der sich gut streichen lässt. Auf ein gefettetes Backblech streichen und backen.

Backzeit: 30 Minuten bei 170-180 °C

Nach dem Backen eine Buttercreme (siehe „Buttercremetorte") bereiten und eine Schicht auf den Kuchen streichen. Sauerkirschen abtropfen lassen und auf der Buttercreme verteilen. Dann noch eine Schicht Buttercreme auf die Kirschen streichen und mit geriebener Schokolade bestreuen.

Buttercremetorte

TEIG FÜR EINE SPRINGFORM:

6 Eier
125 g Zucker
150 g Mehl

Alle Zutaten zügig vermischen, kräftig schlagen und sofort backen.

Backzeit: 10-15 Minuten bei 150-160 °C

Biskuitmasse verträgt kein Stehen,
sie muss schnell bereitet und gebacken werden!

BUTTERCREME-FÜLLUNG

250 g Butter
150 g Zucker (Puderzucker)
3 Eier
100 g Zucker (Puderzucker)

Butter und 150 g Zucker schaumig rühren. Die Eier mit 100 g Zucker im Mixer schlagen, dann nach und nach unter die Butter rühren.
Für Mokkatorte etwas Kakao und ganz starken Kaffee darunter rühren. Den Biskuitboden einmal quer durchschneiden. Einen Boden auf eine Tortenplatte legen, mit der Buttercreme bestreichen. Den zweiten Boden in Tortenstücke teilen und als Decke auf die Füllung setzen. Nach Belieben verzieren.

Schokoladen-Sahne-Torte

von Ernestine Lechner, München

TEIG:

7 Eier (trennen), 150 g Butter oder Margarine
150 g Zucker, 300 g geriebene Nüsse oder Mandeln
200 g bittere Schokolade (Kuvertüre)
1 Päckchen Backpulver

Eier trennen und Eiweiß zu steifem Schnee schlagen. Butter, Zucker und Eigelb in der Küchenmaschine schaumig rühren. Mandeln mit dem Backpulver mischen und dazugeben. Die Schokolade im Wasserbad schmelzen und unter die Masse rühren, dann langsam den Eischnee unterziehen. In eine Springform (26 cm Ø) füllen und backen.

Backzeit: 60 Minuten bei 180-190 °C

Nach dem Backen die Mitte des Teiges mit einem Löffel ausstechen, ringsum einen Rand stehen lassen. Den ausgestochenen Teig zerbröseln und mit den Zutaten der Füllung verarbeiten.

FÜLLUNG:

3 Becher süße Sahne, 4 cl Rum
Teigbrösel vom ausgestochenen Boden

Sahne steif schlagen, die Brösel untermischen und den Rum dazugeben. Alles in den ausgeschnittenen Boden füllen.
Die Torte mit Schokoladen-Raspeln bestreuen, dann kühl lagern.

Haselnusstorte

von Erika Schröter

Teig:

125 g Butter oder Margarine
150 g Zucker
1 Päckchen Vanillezucker
2 Eier
125 g geriebene Haselnüsse
200 g Mehl
1/2 Päckchen Backpulver
ca. 1/8 l Milch

Eier, Butter und Zucker schaumig rühren, Milch dazu rühren, Mehl mit dem Backpulver mischen und mit den Nüssen dazu rühren. Teig in eine Springform geben und backen.

Backzeit: 35-45 Minuten bei 170-180 °C

Guss:

200 g Puderzucker
1 Fläschchen Rumaroma oder Rum
2-3 EL heißes Wasser

Nach dem Erkalten mit Zuckerguss bestreichen.

Schröters Frankfurter Kranz

TEIG:

150 g Margarine, 150 g Zucker, 4 Eier,
175 g Mehl, 1 Päckchen Vanillezucker
75 g Kartoffelmehl oder Mondamin
3 gestrichene TL Backpulver , etwas Rum

Margarine und Zucker rühren, die Eier einzeln dazugeben. Mehl mit Kartoffelmehl und Backpulver mischen und langsam darunter rühren. Teig in eine gefettete und mit Brösel ausgestreute Form geben und backen.

Backzeit: 40-50 Minuten bei 175 °C

CREME:

250 g Butter, 1 Päckchen Tortencremepulver
1/2 l Milch, 1 Likörglas Rum

Aus Milch, Butter und Cremepulver nach Vorschrift Creme bereiten. Kuchen erkalten lassen, waagerecht teilen und mit Creme füllen.

KROKANT:

1 EL Butter, 4 EL Zucker
75 g Mandelsplitter

Butter und Zucker erhitzen und Mandelsplitter darin rösten. Kuchen mit Buttercreme einstreichen und mit Krokant bestreuen, mit ganzen Nüssen (Haselnüssen) verzieren.

Stollen und Leckereien

Schillerlocken mit Schlagsahne

von Erna Hofmann, Kleinkochberg

TEIG I:

3 Eigelb
1 EL Zucker
3 EL Wasser
Mehl, soviel er annimmt

TEIG II:

250 g Butter, ca. 100 g Mehl

Aus den ersten Zutaten einen Teig von fester Konsistenz kneten und ausrollen. Dann 250 g Butter mit dem Mehl mischen und auf dem ausgerollten Teig gleichmäßig ausstreuen.
Teig viermal ausrollen und viermal zusammenschlagen, überschlagen und über Nacht kalt stellen.
Teig dünn ausrollen und in 2 cm breite Streifen schneiden. Die Streifen auf Rollen für Schillerlocken aufrollen, von der dünnen zur dicken Seite zu.

Backzeit: 10-15 Minuten bei 150-160 °C

Nach dem Backen die Formen abziehen und die Rollen mit Schlagsahne füllen.

Osterhase

Rezept für eine Form
von Karoline Schröter, Unterschleißheim

TEIG:

75 g Butter
100 g Zucker
1 Päckchen Vanillezucker, 2 Eier
2 EL Rum
1 Prise Salz
100 g Mehl
25 g Stärkemehl
1 gestrichenen TL Backpulver

Butter, Zucker und Eier schaumig rühren, Salz und Vanillezucker zugeben. Zuletzt das mit Backpulver vermischte Mehl und Stärkemehl unterrühren.
Den Teig in eine gebutterte und mit Brösel ausgestreute Form füllen.

Backzeit: 40 Minuten bei 180-190 °C

GUSS:

150 g Puderzucker
2 EL heißes Wasser
Kokosraspeln zum Bestreuen

5 Minuten abkühlen lassen, aus der Form nehmen, mit dem Guss den Hasen einstreichen und mit Kokosraspeln bestreuen.

Kalter Hund

von Erika Schröter

250 g Palmin
2 Eier
2 Tassen Puderzucker
1 Tasse Kakao (auch weniger)
1 EL gemahlener Kaffee
1 Packung Butterkekse

Palmin langsam schmelzen lassen, Eier und Zucker schaumig rühren, Kakao vorsichtig unterrühren, den Kaffee dazugeben. Nach und nach Palmin unterrühren.
Kleine Kastenform mit Pergament auslegen. Abwechselnd eine Schicht Schokoladenmasse und eine Schicht Kekse einfüllen. Erkalten lassen und stürzen.

Eierlikör

macht Wolfgang Schröter immer

0,35 l Weinbrand
15 frische Eigelb
250 g Puderzucker
50 g Vanillezucker
1 Prise Salz
1/2 l Sahne

Eigelb, Puderzucker und Vanillezucker 10 Minuten im Mixer schlagen. Sahne aufkochen, abkühlen lassen und noch warm Eigelb-Zuckergemisch unterrühren. Eine Prise Salz und den Weinbrand dazugeben.

Der Eierlikör hält sich im Kühlschrank über 1 Jahr.
Von dem Eiweiß kann man gut Nussbusserl backen.

Eierlikör

Kriegsrezept
von Uroma Martha Schröter, Tannroda

1/2 Flasche Korn oder Weinbrand
4 Eigelb
1/2 l Milch
125 g Puderzucker
2 Päckchen Vanillezucker
1 Päckchen Vanille-Soßenpulver

Milch mit Soßenpulver kochen und abkühlen lassen. Eigelb mit Puderzucker schaumig rühren, den Vanillezucker zugeben, tropfenweise den Korn oder Weinbrand dazugießen und gut schütteln.

Opa Schröters Marzipankartoffeln

von Wolfgang Schröter, München

500 g geschälte süße Mandeln
500 g Puderzucker
8-10 Tropfen Bittermandelaroma
4 EL Rosenwasser
1 TL Rum
Kakao zum Wälzen

Mandeln überbrühen und Schale abziehen, dann Mandeln trocknen lassen, mit der Mandelreibe reiben.
Die geriebenen Mandeln, Puderzucker, Rum, Rosenwasser und Bittermandelaroma kräftig zu einem Teig verkneten, gut durchziehen lassen. Kugeln formen, im Kakao wälzen und mit dem Messer je einen Einschnitt machen, damit sie wie geplatzte Kartoffeln aussehen.

Die Marzipankartoffeln halten sehr lange,
wenn sie in einer Blechbüchse aufbewahrt werden.

Rumkugeln

von Lissi Ludwig, Blankenhain

70 g Butter
125 g Puderzucker
1-2 EL Rum
30 g Kakao
50 g geriebene Nüsse
30 g Kokosfett

Butter und Zucker mit dem Rum schaumig rühren, Kakao und Nüsse untermischen. Das zerlassene Kokosfett langsam zugeben und verrühren.
Aus der Masse kleine Kugeln formen und in Zuckerstreuseln oder gehackten Nüssen wälzen.

Diese Rumkugeln dürfen auf keinem Weihnachtsteller fehlen.

Eine Spezialität aus dem grünen Herzen Deutschlands ist der „Thüringer Ingwer“. Diese Spezialität gab es auf Jahrmärkten oder Volksfesten. Dort verkauften Bauersfrauen den selbstgemachten Ingwer aus ihren Tragkörben.

Ich selber habe noch vor 1939 die Bauersfrauen beim Verkauf von Ingwer gesehen. Auch kenne ich noch Frau Lene Oberländer aus Tannroda, die den Ingwer auf dem Jahrmarkt in Blankenhain verkauft hat.

Thüringer Ingwer

Original-Rezept
von Lene Oberländer, Tannroda

500 g Zucker, 1/2 Tasse Wasser
6 EL Mehl
1 EL Kakao
1 TL Zimt
1/2 TL Ingwerpulver
1 Msp. Nelkenpulver
50 g gehackte Mandeln oder Nüsse

Zucker und Wasser kochen, bis der Zucker Fäden zieht, dann Mehl, das mit allen Zutaten gemischt ist, dazugeben.

Das Ganze umrühren und auf ein gut gefettetes Blech gießen und breit streichen.

Am besten noch warm in Stücke oder Tafeln schneiden.

Ingwer

Thüringer Spezialität
von Ida Oschmann, Tannroda

1 kg Zucker
750 g Mehl
125 g Kakao
1 Teelöffel gemahlene Nelken
5 g Zimt
5 g gemahlener Ingwer
100 g gehackte Mandeln oder Nüsse
1 Tasse Wasser

Zucker mit Wasser so lange kochen, bis der Zucker Fäden zieht. Danach Mehl, das mit allen Zutaten gemischt ist, dazugeben, einrühren und kurz aufkochen lassen.
Die Masse wird auf ein gefettetes Blech geschüttet und bevor sie richtig kalt ist, in Stücke geschnitten.

Falsche Schlagsahne

Kriegsrezept der Familie Schröter

1/2 l entrahmte Milch
3 EL Zucker
3 TL Puddingpulver
1 Prise Salz
1 gestrichener TL Backpulver

Milch aufkochen, den Zucker und das Puddingpulver in etwas zurückbehaltener Milch anrühren, Salz zugeben, unterrühren und in die kochende Milch geben. Gut kochen lassen.
Heiß über das Backpulver in eine Schüssel gießen. Solange mit dem Schneebesen schlagen, bis es kalt und cremig ist.

Die Creme eignet sich als Beigabe zu Obsttorten und zum Füllen von Torten.

Schokoladenkugeln

Kriegsrezept
Oma Martha Schröter, Tannroda

200 g Zucker
2 EL Butter
6 EL Milch
3 Tassen Haferflocken
3 EL Kakao
1 EL Rum
1/2 Fläschchen Rumaroma

Zucker und Butter zusammenrühren, die kochende Milch darüber gießen, Haferflocken, Kakao, Rum und Aroma zugeben und die Masse zu einem Teig verkneten.
Kleine Kugeln formen, in Zucker und Kakao rollen.

Thüringer Stollen

von Erika Schröter

1 kg Mehl
150 g Hefe
1/2 l Milch
200 g Zucker
1 Ei
250 g Butter
100 g Fett
100 g Margarine
50 g Rindertalg
Schale und Saft einer Zitrone
1/2 TL Kardamom
1/2 TL Muskatblüte
8 cl Rum
10 g Salz
500 g Rosinen (über Nacht mit Rum übergießen)
150 g Korinthen
150 g Zitronat
100 g Orangeat
200 g süße Mandeln (abgezogen und gemahlen)
30 g bittere Mandeln oder Bittermandelaroma

Alle Zutaten einen Tag vorher warm stellen.

Etwas Mehl in eine Backschüssel geben, in die Mitte eine Mulde drücken, die zerbröselte Hefe mit 2 Esslöffel Zucker und etwas warmer Milch hineingeben, mit etwas Mehl zu einem Vorteig verrühren, zudecken und 40 Minuten an einem warmen Ort gehen lassen.
Danach Mehl, Zucker, die zerlassene Butter, Salz, Zitronenschale und Saft mischen. Mit den Händen kräftig kneten, bis der Teig sich vom Schüsselboden löst. Rosinen, Korinthen, Zitronat, Orangeat, Mandeln und etwas Rum in den Teig kneten und zu einem großen Kloß formen.

Zugedeckt 30-40 Minuten an einem warmen Ort gehen lassen. Danach kräftig durchkneten, zu 2 Stollen formen und nochmals 40 Minuten gehen lassen. Auf einem mit Butter gut gefetteten Blech backen.

Backzeit: 1 Stunde bei 180-200 °C

Die noch warmen Stollen mit viel zerlassener Butter einstreichen und mit feinem Zucker, Vanillezucker und Puderzucker bestreuen.

Tannrodaer Schüttchen

von Uroma Martha Schröter, Tannroda

ca. 2 kg Mehl
1 l Milch
1 kg Fett (aufteilen in Talg, Butter und Margarine)
500 g Zucker
Rosinen
Zitronat
Mandeln nach Vorrat
ca. 200 g Hefe

Zutaten gut warm stellen.

Die Zubereitung erfolgt wie beim „Thüringer Stollen“, siehe S. 200

Backzeit: 1 Stunde bei 180-200 °C

Stollen aus Tannroda

von Martha Luge

750 g Hefe
1 kg Zucker
2 kg Rosinen (mit Rum tränken)
500 g süße geriebene Mandeln
250 g bittere Mandeln oder Aroma
1250 g Butter
1250 g Margarine
1 kleine Flasche Rum (0,33 l)
ca. 6 kg Mehl
400 g Zitronat
4 Zitronen (abgeriebene Schale und Saft)
50 g Vanillezucker
Butter (nicht zerlassen)
Rosinen (zuletzt daran geben)
1 l Milch

Zubereitung wie „Thüringer Stollen", den fertigen Stollenteig in 4-6 gleich große Teile teilen, Stollen formen und nacheinander backen.

Backzeit: 1 Stunde bei 180-200 °C

Nach dem Backen sofort mit Butter einstreichen und zuckern.

Stollenrezept „Tante Marie“

von Marie Dahm, geb. Schröter
Schwester von Opa Edwin Schröter,
Besitzerin der Felsenmühle in Kranichfeld

5 kg Mehl
1250 g Zucker
1750 g Butter
2 kg Rosinen
500 g geriebene süße Mandeln
125 g geriebene bittere Mandeln
Schale und Saft von 2 Zitronen
1 l Milch für Hefestück
0,5 l Milch als Reserve
500 g Hefe
etwas Salz

Mehl und Zutaten gut anwärmen. Soll der Stollen nicht so schwer werden, dann weniger Butter nehmen.
Zubereitung des Hefeteigs wie „Thüringer Stollen“, S. 200. Den Teig in 4-5 Teile teilen, Stollen formen und backen oder zum Bäcker bringen und dort backen lassen.

Backzeit: 1 Stunde bei 180-200 °C

Nach dem Backen mit viel Butter einstreichen und mit viel Zucker und Puderzucker bestreuen.

Dresdner Stollen

von Karola Menzel, Dresden

1250 g Mehl
500 g Butter
400 g Hefe
250 g geriebene Mandeln
250 g Sultaninen
250 g Korinthen
125 g Orangeat
125 g Zitronat
etwas Muskatblüte
200 g Zucker
Kardamom und Ingwer gemahlen
4-8 cl Rum
2 EL Rosenwasser
3/8 l Milch

Zubereitung wie „Thüringer Stollen“, S. 200.

Backzeit: 1 Stunde bei 180-200 °C

Nach dem Backen sofort mit Butter einstreichen und mit Zucker bestreuen.

Thüringer Quarkstollen

von Helga Weihe, Erfurt

FÜR EINEN STOLLEN:

500 g Mehl
1 Päckchen Backpulver
1/2 TL Zimt
2 Eier
200 g Zucker
1 TL geriebene Zitronenschale (Zitroback)
225 g Margarine
250 g Quark
300 g Rosinen
3 EL Rum
evtl. 100 g geriebene Mandeln

In der Küchenmaschine Butter, Zucker und Eier verrühren, etwas Mehl zugeben. Dann Quark, Rum, Zimt, Zitronenschale und Rosinen dazugeben und nach und nach das mit Backpulver gemischte Mehl darunter kneten. Einen Stollen formen, auf ein Blech geben und backen.

Backzeit: 60-70 Minuten bei 180-190 °C

Nach dem Backen den noch warmen Stollen mit viel zerlassener Butter einstreichen und mit feinem Zucker, Vanillezucker und Puderzucker bestreuen.

Eigene Rezepte

Eigene Rezepte

Eigene Rezepte

Eigene Rezepte

Eigene Rezepte

Rezeptverzeichnis

Grundrezepte für Belag, Guss und Teig

Mürbteig- und Backpulverkuchen

HEFEKUCHEN

TORTEN

STOLLEN UND KLEINE LECKEREIEN